KB249087

빛깔있는 책들 103-46

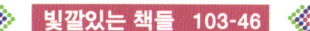

다비와 사리

글/박경준 ● 사진/송봉화

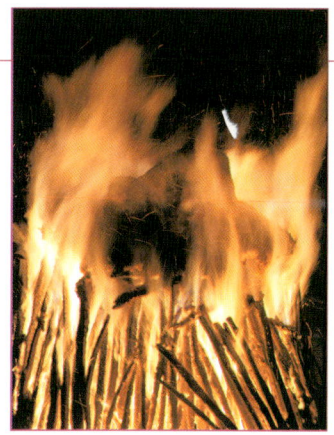

대원사

박경준 ————————
동국대학교 불교학과를 졸업하고 동
대학원에서 '원시불교의 사회·경제
사상 연구'로 철학박사 학위를 취득
하였다. 군법사를 역임하였고 불교문
화연구원 연구원, 인하대학교 등의
시간강사를 거쳐 현재 동국대학교 불
교학부 교수로 재직중이다. 저·역서
로는 『민중불교의 탐구』, 『문화의 진
보에 대한 철학적 성찰』, 『원시불교사
상론』, 『불교 사회 경제학』 등이 있고,
논문은 「대승경전관 정립을 위한 시
론」, 「불교의 노동관 소고」 외에 다수
가 있다.

송봉화 ————————
충북 청원 출생으로 건국대학교 교육
대학원을 졸업하였다. 현재 충남 당
진에서 스튜디오를 운영하면서 우리
민족문화를 전문적으로 담아내고 있
는 사진작가이다. 안섬 풍어굿, 가학
리 두레, 월곡리 두레와 벗가리대놀
이, 당진 거북놀이를 발굴·재현하였
으며, 사진집으로는 『당진의 재발
견-살아 있는 문화유산』, 『기지시 줄
다리기』, 『솟대』, 『장승과 벅수』, 『미
륵불』, 『서낭당』, 『충청 마을지킴이』
등이 있다.

다비와 사리

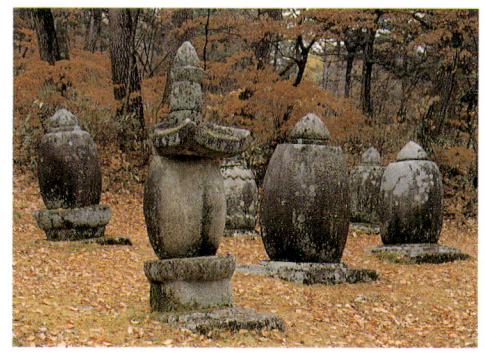

다비와 사리

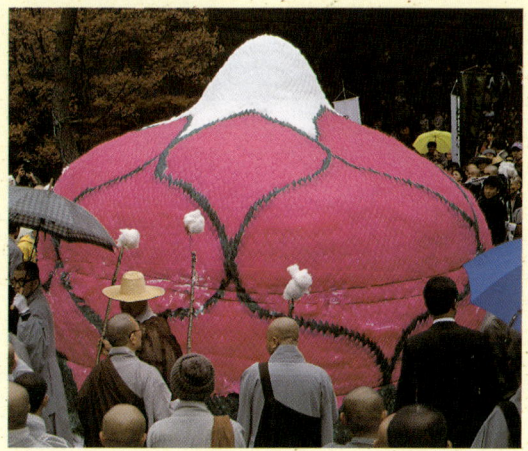

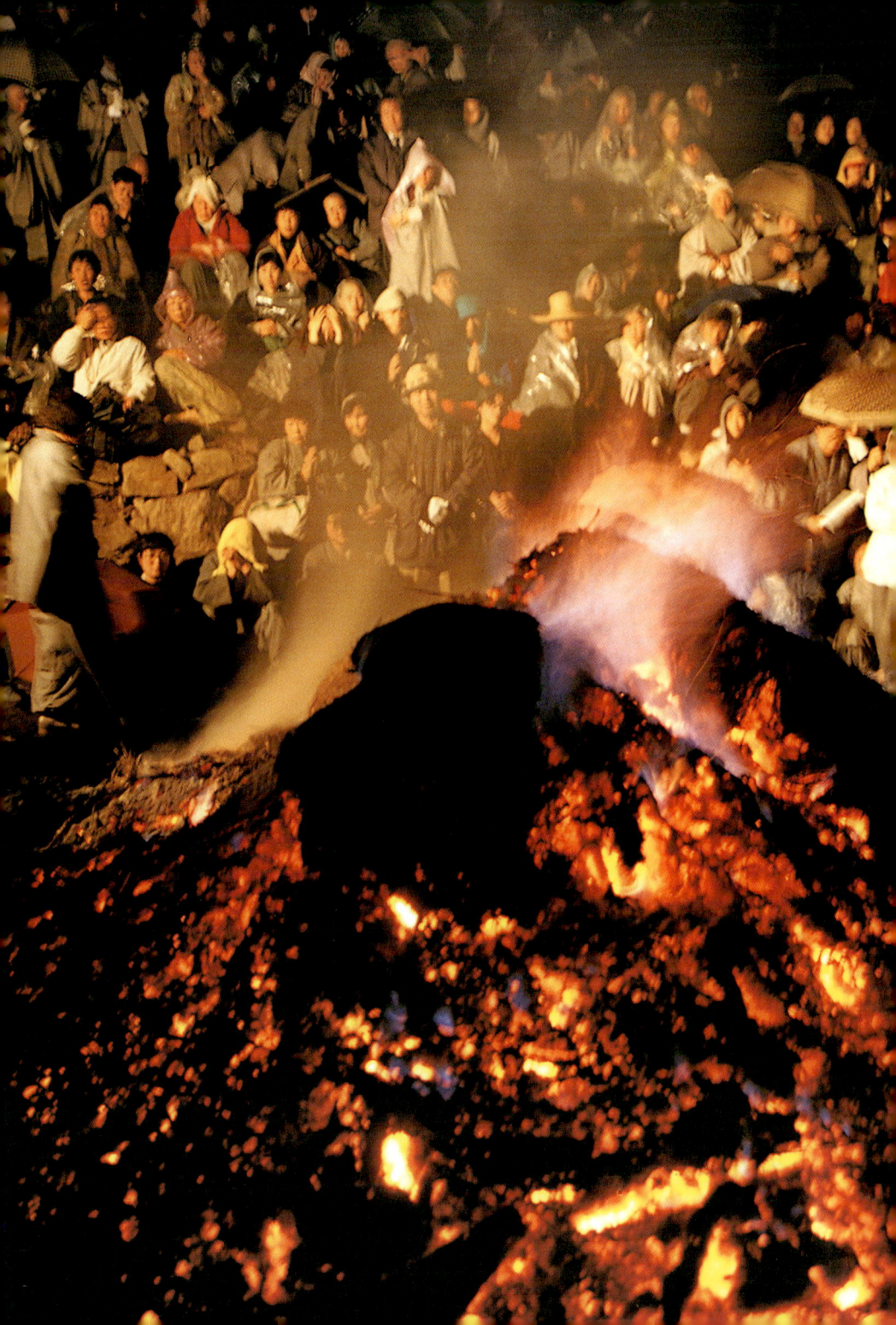

머리말

불교에서는 우리의 인생과 삶을 흔히 '생사(生死)'라고 부른다. 생사라는 말은 태어나서 죽을 때까지의 기간을 의미하고 있지만, 동시에 이것은 인생에서 태어남과 죽음이 가장 중요하다는 의미도 내포한다. 그래서 불교에서는 생사일대사(生死一大事)라는 표현을 즐겨 쓴다.

인생에 있어서, 사랑을 하고 돈을 벌고 명예와 권력을 얻는 것도 중요한 일이다. 하지만 이런 일들은 '살고 죽는' 일에 비하면 그렇게 중요한 일이 아니다. 살고 죽는 일은 우리에게 가장 근본적이고 궁극적인 중대사인 것이다. 하지만 치열한 생존경쟁의 소용돌이에 휩쓸려 가고 있는 현대인들은 생사일대사에 좀처럼 눈길을 주지 않는다.

'삶'을 생각하는, 늘 생각할 수밖에 없는 인간이기에 우리는 우리의 본분사(本分事)를 한시도 망각해서는 안 된다. 실존주의 철학자들의 말처럼 우리는 '죽음에로의 존재'이며, 죽음은 이미 우리의 삶 속에 침투해 있기 때문이다.

불교의 한 경전[1]에는 다음과 같은 이야기가 기록되어 있다.

다비식 살고 죽는 일은 인생에서 가장 근본적이고 궁극적인 과정이다. 인간은 곧 '죽음에로의 존재'이며 죽음은 이미 삶 속에 침투해 있다.

아주 먼 옛날, 어떤 사람이 광야를 거닐고 있었는데 갑자기 사나운 코끼리가 나타나 그를 쫓았다. 그는 혼신의 힘을 다해 도망치다가 마른 우물 속에 간신히 몸을 피했다. 우물 곁의 큰 등나무 뿌리를 타고 밑으로 내려가는데 바닥을 보니 독룡이 입을 벌리고 있지 않은가. 깜짝 놀라 나무뿌리에 매달려 우물 주위를 살펴보니 사방에서 네 마리의 독사가 혀를 널름대며 노려보고 있었다. 하얗게 질린 그가 위를 쳐다보니 자기가 매달려 있는 나무뿌리를 흰 쥐와 검은 쥐가 번갈아 가면서 갉아먹고 있고 먹이를 놓친 코끼리는 더욱 성을 내고 있었다. 벌판을 휩쓰는 맹렬한 들불은 등나무를 태우고 나무가 흔들릴 때마다 벌들이 흩어져 내려와 그의 온몸을 쏘아댔다. 그런데 그때 나무에서 뭔가가 떨어져 그의 입 속으로 흘러들었다. 맛을 보니 달콤한 꿀이었다. 그는 이제 자신이 처한 극한 상황도 잊어버린 채 다섯 방울씩 떨어져 내리는 꿀을 받아먹는 데 정신을 팔고 있었다.

이 이야기는 부처님이 사위국(舍衛國, Śrāvastī)의 승광왕(勝光王, Prasenajit)에게 설한 비유로서, 생사의 위험과 고통을 망각한 채 오욕락(五欲樂)을 좇는 미혹(迷惑)한 중생들의 삶을 극명하게 드러내 보여 주고 있다. 여기에서 광야는 생사윤회의 무명(無明)의 긴 밤을, 어떤 사람은 어리석은 중생을, 코끼리는 무상(無常)을, 우물은 생사(生死)를, 나무뿌리는 수명 또는 명줄을, 독룡은 죽음을 비유한 것이다. 그리고 네 마리의 독사는 땅·물·불·바람[地水火風] 사대(四大)를, 흰 쥐와 검은 쥐는 낮과 밤(즉 세월)을, 들불은 늙음과 병듦을, 벌은 그릇된 생각[邪思]을, 다섯 방울의 꿀은 오욕락을 각각 의미하고 있다고 부처님은 말씀하신다.

불교의 궁극적 목표는 이처럼 위험하고 고통스런 생사 윤회의 세계에서 벗어나[解脫], 모든 고통이 사라진 열반을 성취하는 데 있다. 열반은 '절대적 생명·평화·자유·청정〔常樂我淨〕'의 경지로서, 말하자면 연기 하나 그을음 하나 없이 타오르는 '삶의 완전 연소' 과정이다.

　다비〔火葬〕 의식은 단순한 통과의례가 아니라, 이러한 불교 사상과 열반의 이념이 가장 극적으로 반영된 거룩한 종교적 상징이라 할 수 있다. 다비의 결과물로서 얻어지는 사리(舍利)는 불교적 수행(또는 정신적 노력)의 결정체로 인식되며, 그리하여 그것은 죽음을 뛰어넘은 신령스런 유골〔靈骨〕로서 신앙의 대상이 되고 있다.

다비란 무엇인가

    장례(葬禮)는 일반적으로 상례(喪禮)와 같은 의미로 쓰이기도 하나, 엄밀하게 말하면 상례의 일부분으로서 '시신을 처리하는 과정'을 뜻한다. 시신을 처리하는 방식의 차이에 따라 장례법은 흔히 네 가지로 구분된다.

    시신을 땅 위에 버리는 풍장(風葬), 땅속에 파묻거나 돌 등으로 덮는 매장(埋葬), 불에 태우는 화장(火葬), 물속에 버리는 수장(水葬)이 그것이다. 이러한 시신의 처리 방법은 그 사회의 관습이나 종교적 배경, 그리고 지역적 특성에 따라 다양하게 나뉜다. 동일 지역 내에서도 신분과 지위에 따라 장례법이 달라지는 경우도 있다. 예컨대 티베트에서는 고급관리나 승려는 화장으로, 중간층의 사람들은 매장이나 풍장으로, 낮은 계급은 수장으로 장례를 치르는 것이다.

    『입세아비담론(立世阿毘曇論)』이라는 불교 문헌에 따르면, 고대 인도에서도 산중에서 시신을 불사르는 소장(燒葬), 시신을 물속에 버리는 수장, 땅속에 파묻는 매장, 그리고 시신을 빈터에 놓아 두는 일종의 기장(棄葬) 등의 장례법이 있었음을 알 수 있다.[2] 7세기 전반(629~645년)에 인도를 돌아보고 온 현장(玄奘)은 『대당서역기(大唐西域

記)』권2에서 그 당시 인도에는 화장과 수장 및 야장(野葬)의 세 가지 장례법이 있었다고 전한다. 또한 7세기 후반(671~695년)에 인도를 순례하고 온 의정(義淨)은 『남해기귀내법전(南海寄歸內法傳)』에서, "비구가 목숨이 다하면 그 죽음을 확인하고 그날로 화장터로 운구해 가서 화장한다"고 한 것으로 보아 당시 인도 불교계에 화장법이 일반화되어 있었음을 알 수 있다.[3]

이러한 기록을 볼 때, 불교계에서도 인도의 풍습에 따라 시신을 불태우는 화장과 시신을 숲에 버리는 임장(林葬; 풍장, 조장) 등의 장법이

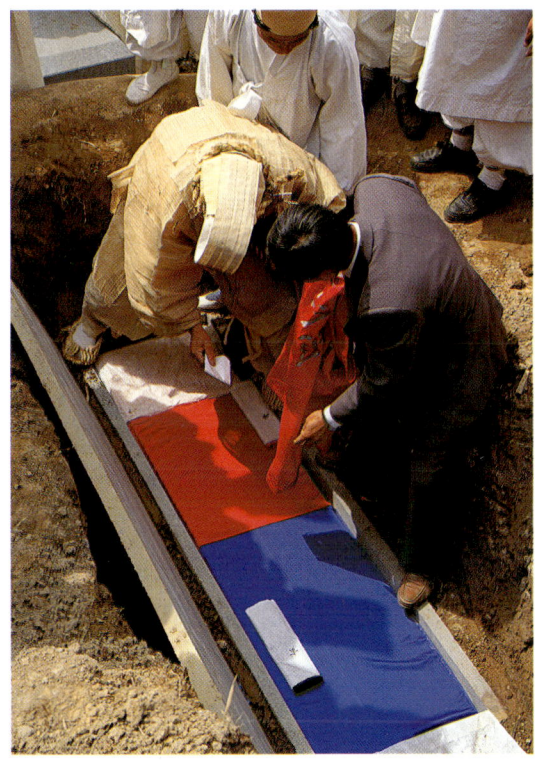

매장 시신 처리 방법은 사회의 관습에 따라 다르게 나타나는데 흔히 풍장, 매장, 화장, 수장의 네 가지로 구분된다. 매장은 땅속에 묻는 방법이다.

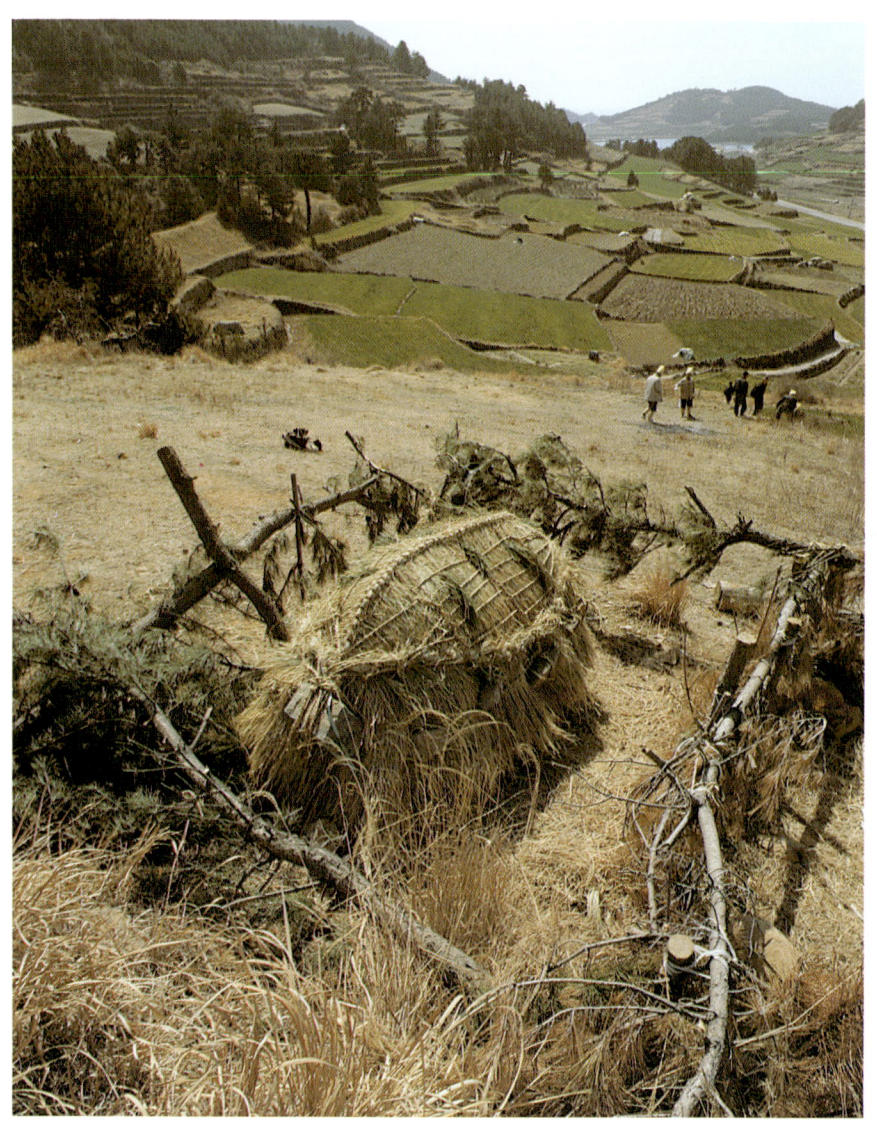

초분 시신을 바로 땅에 매장하지 않고 이엉으로 덮어서 살이 썩으면 뼈만 추려 땅에 묻는 방법이다.

행해졌으며, 훗날에는 화장이 일반화되었음을 짐작할 수 있다. 부처님보다도 먼저 입멸한 사리불(舍利佛, Śāriputra)과 목건련(目犍連, Maudgalyāyana)의 장례도 화장으로 치렀고, 부처님의 부왕인 정반왕(淨飯王, Suddhodāna)과 양모인 대애도(大愛道, Mahāprajapati) 비구니의 장례도 화장으로 하였으며, 부처님의 입멸 때에도 다비법으로 장례를 행했던 것은 두말할 필요가 없다.[4]

이처럼 불교계의 장례법으로 정착한 화장의 팔리어 원어가 '자피타(jhapita)'인데, 다비(茶毘)는 바로 이 자피타를 소리나는 대로 옮긴 것이다. Jhapita는 원래 동사 jhayati(태우다)의 사역형(causative)인 jhapeti의 과거분사(past participle)로서, '화장'이라는 의미의 명사로 쓰이게 된다. Jhapita는 '다비' 이외에 사비(闍毘) · 사유(闍維) · 사비다(闍鼻多) · 야순(耶旬) 등으로도 옮겨진다. 그리고 jhapita의 뜻을 따서 화장(火葬) · 분소(焚燒) · 소신(燒身) · 분시(焚屍) 등도 쓰인다. 이 중에서도 '다비'라는 용어가 가장 많이 쓰여 왔으며 우리나라에서도 불교계에서는 화장이라는 말보다 다비라는 말이 더 일반적으로 쓰인다.

이러한 다비에 의한 장례법이 인도 불교 이래 불교적 전통이 된 데에는 여러 가지 원인이 있겠지만, 대략 다음의 세 가지로 요약될 수 있다. 첫째, 아열대성 기후라는 인도의 기후적 특성 때문에 시신의 부패를 막는 데는 다비가 적격이었을 것이다. 둘째, 부처님의 장례를 다비한 데서 연유했다고 볼 수 있다. 셋째, 불교 사상적 의미를 부여하는 데 다비가 효과적이었을 것이다. 예를 들어, 다비에는 땅 · 물 · 불 · 바람의 네 가지 요소로 구성된 육신을 다시 원류로 되돌려 보낸다는 의미가 내포되어 있다.

다비문

다비문의 정비

　오늘날 다비 의식은 조선 후기(18세기 초~18세기 말)에 정비된 다비문(茶毘文)을 근거로 하여 시행되고 있다. 통일신라시대에 이미 다비에 관한 기록이 있는 것으로 미루어 다비 및 그 의식도 불교의 전래와 동시에 유입(流入)되었을 것으로 생각된다. 지금과 같지는 않더라도 다비에는 일정한 절차와 형식이 있었을 것으로 쉽게 짐작할 수 있다.

　지금까지 확인된 가장 오래된 다비 의식 문헌으로는 조선 세종조(世宗朝)에 간행된 『다비작법(茶毘作法)』이 있다. 이후 100년에 걸쳐 인간(印刊)된 『권공제반문(勸供諸般文)』이라는 의식집에도 시다림작법(屍多林作法)이라는 다비문이 실려 있다. 여기에는 이미 오늘날과 똑같은 내용과 절차로 다비법이 배열되어 있으나 발인 의식에 해당하는 기감편(起龕篇)까지만 실려 있고 본 의식(本儀式)에 해당되는 다비편이 누락되어 있다.

　다비 의식의 중요성을 제일 처음 인지하고 그것을 독립된 의식집 형태로 재구성한 사람은 조선 후기 부휴(浮休) 선수(善修)의 고족(高足)

인 벽암(碧巖) 각성(覺性)의 제자 나암(懶菴) 진일(眞一)이다.

진일은 스승 각성이 편찬한 『석문상의초(釋門喪儀抄)』를 기초로 하여 다비 절차를 더 보완하고 상례에 필요한 명정(名旌)의 서식과 오복도(五服圖) 등을 추가하여 승가(僧家)에서 상례의 규범이 되는 『석문가례초(釋門家禮抄)』를 완성하였다(1660년 발행).

『석문가례초』는 상·하 2편으로 구성되어 있는데 상편은 명정 서식과 다비 절차 등 다비 의식 전반을 다루었고 하편에는 상례와 관련된 사항의 해설, 조서법(弔書法), 제문(祭文) 양식 등이 실려 있다.

진일은 『석문가례초』 서문에서 승가에 상례의 규범이 없는 것을 매우 안타깝게 여겨 자각(慈覺) 대사의 『선원청규(禪院淸規)』와 응지(應之) 대사의 『오삼집(五杉集)』, 『석씨요람(釋氏要覽)』을 자세히 읽고 그 가운데서 중요한 것만을 뽑아 조선의 예에 맞도록 재편한 것이 이 책이라고 기록하고 있다.

유교 사상을 통치이념으로 한 조선시대에는 효(孝)와 예(禮)가 사회적·윤리적 주요 덕목으로 자리하여 왔다. 출세간법(出世間法)에 따라 생활함으로써 상제(喪祭)에 일정한 규준을 갖지 못한 승가에서도 예법을 중시하던 시대적 요구를 거부할 수 없었던 것으로 보인다.

이러한 현실을 바탕으로 수집 편찬된 『석문가례초』는 상례의 절차를 체계적으로 잘 정리하고 있지만 다비의 준비과정인 삭발(削髮)에서부터 기감(起龕)까지의 창송(唱頌) 의문(儀文)이 생략되어 있다. 본 과정에도 마지막 산골(散骨)의 의식문이 빠져 있는 것이 미흡한 점으로 지적된다.

『석문가례초』를 간행한 다음 해에, 벽암 각성과 동시대에 활동한 것으로 보이는 지선(智禪) 장로(長老)가 편찬한 『오종범음집(五種梵音集)』에 부록으로 실려 있는 「다비송종규식(茶毘送終規式)」에는 다비 의식이 누락 없이 자세히 기록되어 있다.

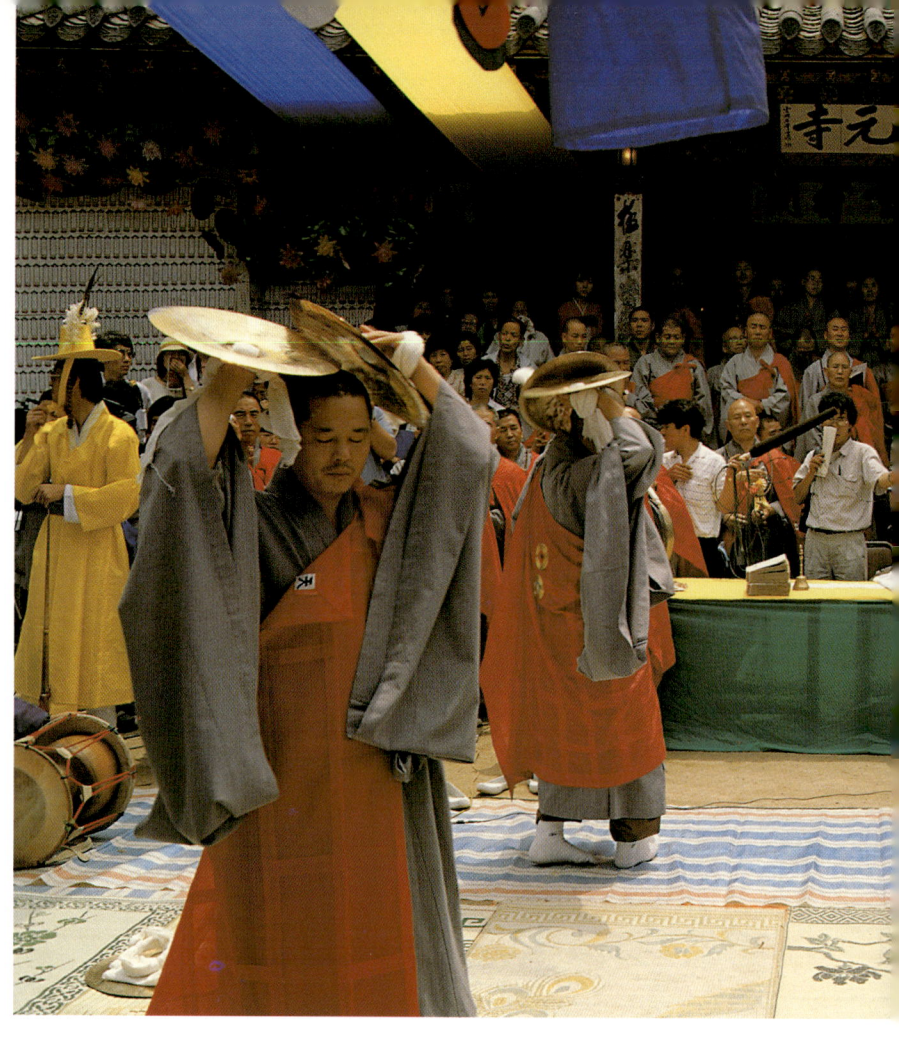

　이보다 9년 뒤인 1670년에 청허(淸虛) 휴정(休靜)의 4대손 의암(義
巖)이 그의 스승 허백(虛白) 명조(明照)가 다비 절차를 다시 정리한
『승가예의문(僧家禮儀文)』에 「다비작법문(茶毘作法文)」을 부록으로 붙
여 간행함으로써 다비에 관한 절차와 의문이 비로소 완성되었다. 오늘
날의 다비 의식문은 대개 이 『승가예의문』을 기초로 하여 수정 보완된
것으로 볼 수 있다.

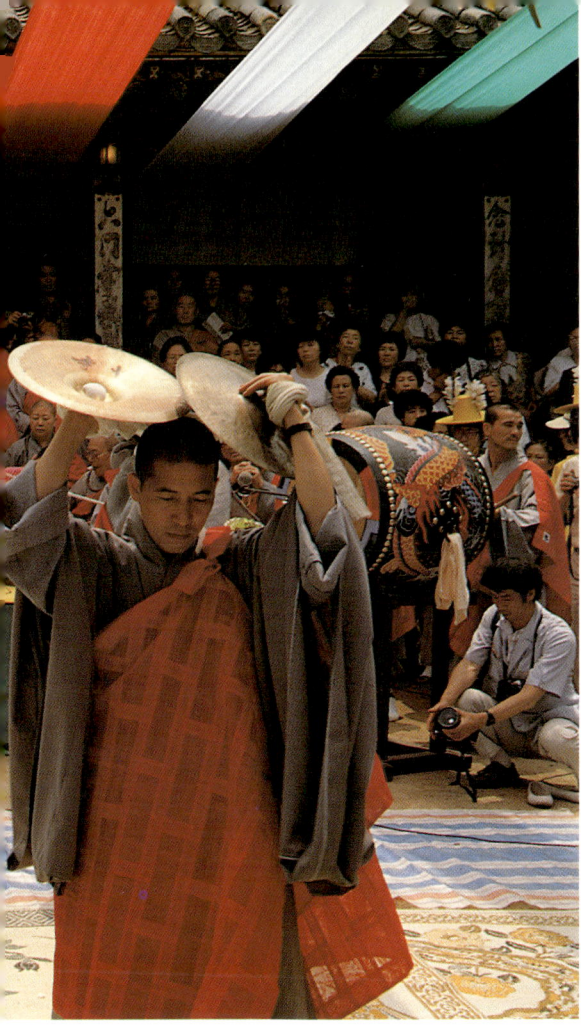

영산재 다비 의식은 선적 요소가 주류를 이룬다. 영산재, 수륙재, 예수재 등 각종 재회는 선적 요소와 밀교적 요소를 동시에 포함하고 있으나 의식 절차상의 구조에서 보면 정토 신앙의 형태를 띤다. 사진 대원사.

특히 조선 후기 선(禪)과 관련하여 많은 저술을 남긴 백파(白坡) 긍선(亘璇)은 의식집 『작법귀감(作法龜鑑)』에 함께 실은 「다비작법」의식문 위에 방점을 찍어 장단을 표시함으로써 창송에 곡조를 붙였을 뿐만 아니라 미비하고 누락된 부분을 보충하고 정리하여 모범이 되는 의식집으로 만들었다.

그뒤 추담(秋淡) 정신(井辛)이 장례 절차가 인몰(湮沒)되는 것을 염려하여 『다비작법』을 판각한 것을 계기로 여러 차례에 걸쳐 각기 다른 판본의 다비 의식문이 다투어 간행되었다. 이러한 다비문들을 재정리하여 편찬한 것이 오늘날 의식문의 규범으로 삼고 있는 『석문의범(釋門儀範)』 가운데 실려 있는 「다비문」이다.

다비 의문의 가장 큰 특징으로는 선적 요소가 강하다는 점을 들 수 있다. 의식문은 다양한 교학적 형태를 그 배경으로 하고 있다. 영산재(靈山齋), 수륙재(水陸齋), 예수재(預修齋) 등 각종 재회(齋會)는 선적 요소와 밀교적 요소를 동시에 포함하고 있으나 의식 절차상의 전체 구조에서 보면 정토 신앙의 형태를 띤 것이라 할 수 있다.

『진언집(眞言集)』, 『송주집(誦呪集)』 등은 밀교 관계 의례집이며, 예경(禮敬) 의례에는 화엄적 요소가 다수 포함되어 있다. 선 사상을 반영하고 있는 의식문으로는 지금 언급하고 있는 『다비작법』 외에 『상용의례(常用儀禮)』, 『조사예참법(祖師禮懺法)』 등을 들 수 있다. 이 밖에도 관음 신앙, 지장 신앙, 민간 신앙에 이르기까지 의식문은 여러 가지 신앙 형태를 기초로 하여 정리 조직된 것이다.

그러면 다비 의식에는 왜 선적 요소가 주류를 이루고 있는 것일까. 그것은 대개 두 가지 측면으로 추정하여 볼 수 있다.

첫째, 조선의 불교는 임제종(臨濟宗)의 정맥(正脈)을 계승한 선종(禪宗)에서 비롯된 것으로 볼 수 있다. 다비는 특히 한정된 집단인 출세간의 승려들이 주체가 되어 행하는 의식이기 때문에 의식의 대상도 거의가 승려들일 수밖에 없다. 선 수행을 목표로 살아온 선사(禪師)들이 영가(靈駕)를 향해, 다른 교학적 내용을 담고 있는 의식문을 독송한다는 것은 선가(禪家)의 격식에 적합하지 않았을 것이다.

둘째, 선은 선가의 일상과 밀접하게 관계되어 있는 데서 그 원인을 찾을 수 있다. 죽음도 일상이라는 선가의 입장에서 크게 벗어나지 않기 때문이다. 승려들의 일상이란 바로 수행의 과정이다. 아침이 되면

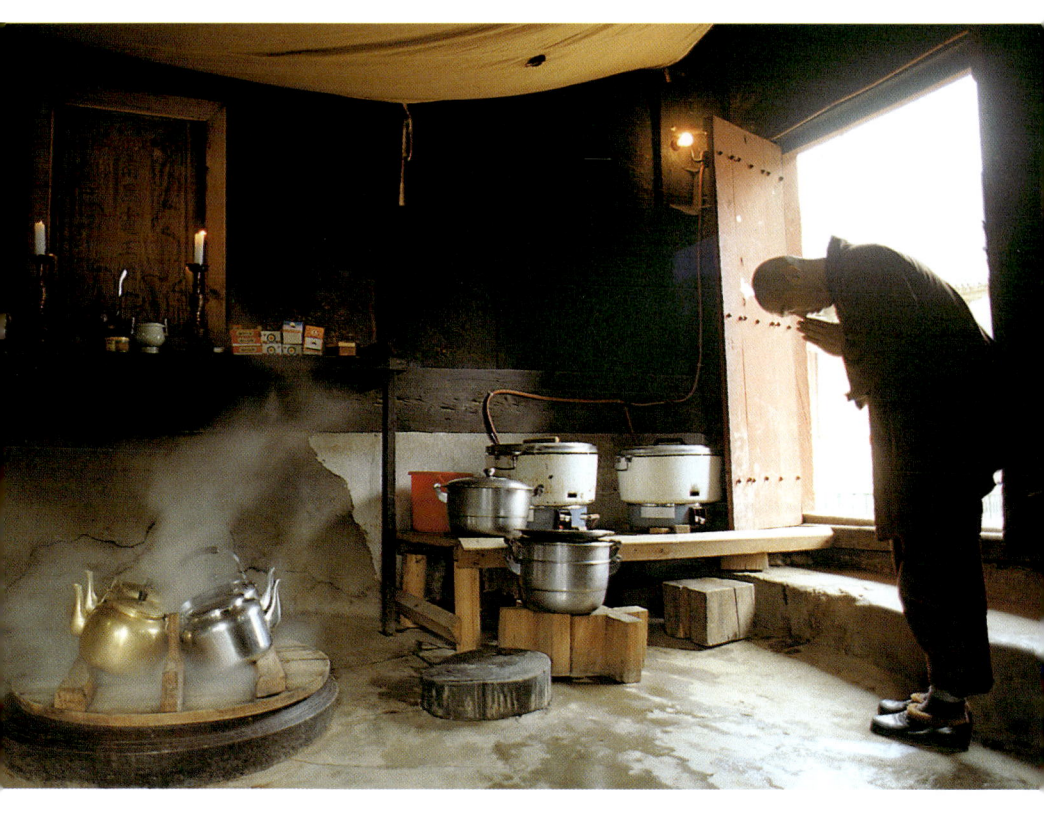

아침 공양 준비 선은 선가의 일상과 밀접한 관계를 맺는다. 죽음 역시 일상에서 크게 벗어나지 않는다. 아침이 되면 잠에서 깨어나 부처님께 예배하고 입정하며 도량을 거닐고 아침 공양과 음다, 목욕 재계하는 등 승가의 생활에서 선 아닌 것이 없다.

잠에서 깨어나 부처님께 예배하고 입정(入定)하며 도량(道場)을 거닐고 아침 공양과 음다(飮茶), 목욕(沐浴) 재계하는 등 승가의 생활에서 선 아닌 것이 없다.

이러한 이유로 선가에서는 일상 생활과 함께 그에 수반되는 의식 형태를 매우 중요하게 생각했다. 조선 중기 휴정은 선을 설하는 의식인 『설선의(說禪儀)』와 예경 의식인 『운수단가사(雲水壇歌詞)』 등을 정리하여 일상과 관련된 의례를 유행시켰으며 의례집을 만든 지선, 명조, 긍선 등도 선의 계통을 이은 승려들이다.

이처럼 삶의 끝이라고 생각하는 죽음이 삶과 분리된 것이 아니라 하나이고 그것은 일상의 한 현상에 불과하다는 불교적 관점은 선문에서 더욱 두드러지게 나타난다.

다비문의 구성

앞에서 살펴본 것과 같이 다비문은 시대를 달리하면서 수차에 걸쳐 간행되어 왔기 때문에 각 판본(板本) 사이에는 첨삭되고 달라진 부분들이 조금씩 눈에 띈다. 그러나 내용과 절차에서 크게 다른 점은 발견되지 않는다.

의례에는 다비 의례를 비롯하여 영혼 천도 의식을 중심으로 한 수륙재 · 예수재 등 재의(齋儀) 예식과 구족계 · 보살계 등 수계 의식, 불상 · 경전 · 가사 등을 옮기는 이운(移運) 의식 등이 있다.

이들 의례는 대개 일정한 대상과 목표가 있어 그에 따르는 찬탄과 기원, 예배 등으로 이루어진다. 그러나 다비 의례는 의식이라는 행위와 그 하나하나의 의식 과정에 해당되는 의문을 일치시킴으로써 하나의 완성된 의식이 이루어지는 것이다.

시신을 불로 태우는 다비는 땅속에 묻는 매장과는 근본적으로 차이가 있지만 그 전 단계인 준비 의식은 전통적인 매장 의례와 크게 다르지 않다. 몸을 정결하게 하고 옷을 단정하게 입히며 시신을 관에 넣어 발인(發靷), 운구(運柩)하는 과정은 대부분 공통된 절차이다. 그러나 전통 의식이 사자(死者)를 보내는 단순한 형식인 데 비해 다비는 모든 과정에 해탈로 가는 불교적 의미를 부여함으로써 죽음이 삶과 같은 하나의 수행 과정으로 승화되고 있다.

다비는 크게 준비 의식과 본 의식으로 나누어 볼 수 있다. 준비 의식은 다시 몸을 청결하게 하는 삭발, 세수(洗手), 세족(洗足) 편과 새 의복으로 갈아입는 착군(着裙) · 착의(着衣) · 착관(着冠) 편, 영가를 맞이하는 정좌(正坐) · 안좌(安坐) 편, 입관(入棺) 의식인 입감(入龕) 편, 발인 의식인 기감 편으로 구성되어 있으며 본 의식은 화장 의식인 거화(擧火) · 하화(下火) 편과 유골을 처리하는 기골(起骨) · 습골(拾骨) · 쇄골(碎骨) · 산골(散骨) 편으로 짜여 있다.

그러나 이것은 절차에 따른 형식상의 분류이고, 내용면에서 다비의 전 과정은 끊임없이 정진하여 번뇌를 끊고 해탈과 열반에 이르는 수행의 도정(道程)으로 표현된다.

준비 의식은 수도(修道)를 주제로 하며, 본 의식 가운데 거화 · 하화 편은 열반을, 습골 · 쇄골 · 산골 편은 회향(回向)을 중심 내용으로 하고 있다.

조선시대 백파 긍선은 『다비설(茶毘說)』에서, 다비문을 활구선(活句禪)에서 사용되는 대기대용(大機大用)과 진공묘유(眞空妙有)라는 두 가지 틀로 분석하여 해설하고 있다.

다비문은 전체적으로 선가의 게송(偈頌)을 중심으로 하여 선적 요소로 일관되지만 삭발, 세수, 세족, 거화, 하화 등의 상징적 의미와 결합하여 하나의 독자적인 체계를 이루고 있다. 번뇌의 단멸이라든가 금강

(金剛)의 몸, 또는 쌍림(雙林)의 열반, 무상·고(苦)·공(空) 등의 내용에서 보는 것처럼 교학적 요소가 전적으로 배제된 것은 물론 아니다.

이와 같이 다비문은 오랜 시간 승가에서 시행되어 오는 동안 그 사상적 무게를 더하여 오늘에 이른 것이다.

다비 의식

다비의 절차

그러면 다비는 어떤 절차와 방법으로 진행되는가. 『석문가례초』에 의하면 다비례는 매우 중요한 의식으로서 언제나 엄숙하고 법식에 맞도록 행하여야 한다. "다비례가 처음부터 끝까지 법에 맞도록 시행되면 영가는 그 육신이 불타는 가운데에서도 색신(色身)이 본래 공한 이치를 깨달아, 불길에도 놀라지 않으며 몸과 마음이 편안하고 고요하여 바로 극락세계로 들어갈 뿐만 아니라 재(齋)를 올리는 사람도 복덕이 끝이 없다"고 하였다.

그러나 이 법식에 맞지 않으면 "영가가 그 고통을 견디지 못해 불속을 뛰쳐나와 물을 찾는다. 물속으로 뛰어든 영가는 물귀신의 보(報)를 받아 헤어나지 못함은 물론 재를 올린 사람에게도 아무런 공덕이 돌아오지 않고 재앙만이 있게 된다"[5]고 하여 처음부터 끝까지 다비례를 법도에 어긋나지 않게, 격식에 맞도록 시행하라고 권고하고 있다.

사람이 임종(臨終)에 이르면 맨 먼저 종을 3회 울린 다음, 사잣밥을 지어 상에 차려 놓고 입관하기 전에 법식에 따라 삭발과 목욕례를 행한

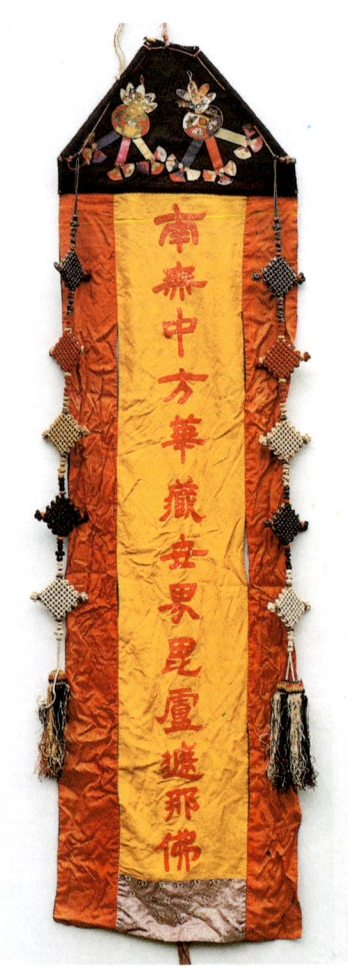
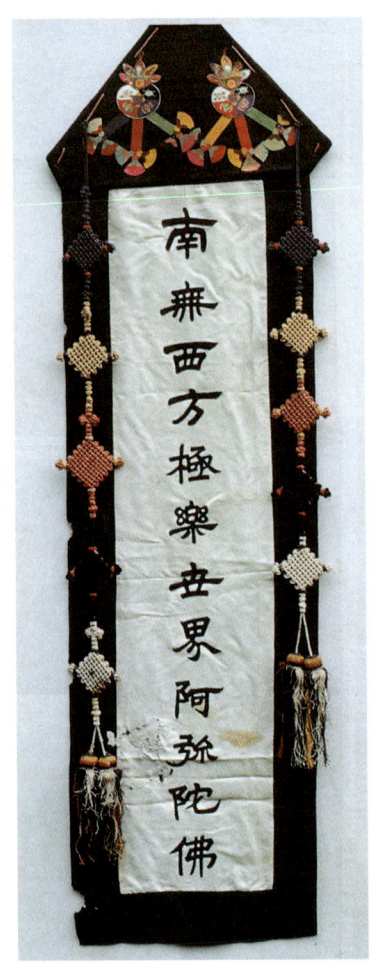

오방기 화장 준비가 끝나면 오방기를 세운다. 장작더미 맨 위에는 황번(왼쪽)을 꽂고, 그곳에서 일곱 걸음 떨어진 곳에 자리를 잡아 사방기를 세우는데 청번은 동방에, 적번은 남방에, 백번(오른쪽)은 서방에, 흑번은 북방에 세운다. 이 오방기는 성철 스님 다비식에 사용되었다.

다. 다음에 시신을 관(棺)에 넣어 안치하고 제물을 차려 놓는다. 왼쪽에는 영자(影子)를 걸고 단(壇)을 만들어 향과 꽃, 등촉(燈燭)을 올려놓으며 오른쪽에는 명정을 세운다. 그리고 아침저녁으로 영자단(影子壇)이나 관 앞에서 제사를 올린다. 그 다음에 원불배(願佛輩)를 세우고, 인로왕번(引路王幡), 만사(輓詞), 명정, 향정자(香亭子)를 차례대로 세운다. 이렇게 행렬이 갖추어지면 장례를 맡은 주승(住僧)이 모든 사람들을 영감(靈龕)의 좌우에 나누어 뒤따르게 한다.

우렁찬 종소리가 세 번 울리고 이어 바라를 치며 어산(魚山)이 영축게(靈鷲偈)를 외면 발인 의식이 시작된다. 절차에 따라 게송과 염불(念佛), 무상계게(無常戒偈) 등을 외운 후 발인 의식이 끝나면 운구 의식이 이어진다. 거감례(擧龕禮)를 마치고 어산이 서방대교주(西方大教主) 나무아미타불(南無阿彌陀佛)을 외면 대중이 함께 염불을 계속하면서 영구가 움직인다. 또 발행(發行)할 때 감교(龕橋)의 나무 위에 한 사람이 우뚝 서서 큰 소리로 나무아미타불을 외면 영구를 멘 여러 사람들이 함께 따라 부르면서 천천히 움직이는 운구 의식도 있다. 중도에 노제(路祭)를 올리고 다비처(茶毘處)에 이르면 차일을 친 후, 원불탱(願佛幀)은 단을 만들어 걸어 놓고, 영자는 그보다 한층 낮은 단에 걸어 놓는다. 또 명정을 세우고 그 양단(兩壇) 앞에 향화(香火)와 등촉을 배설(排設)한 뒤 다비를 준비한다.[6]

그러면 다비는 어떻게 진행되는가. 요즘은 전통적인 방법에 의해 의식이 행해지기도 하지만 좀더 개선된 방식을 따르는 것이 대체적인 경향이다. 먼저 승려의 다비처를 일정하게 정하여 땅을 평평하게 고르고, 철골로 1미터 정도 높이의 철단을 만든다. 단 위에 다시 널판으로 빈 관을 만들어 영구를 넣을 수 있도록 장치하고 그 위에 준비된 참나무 장작을 차곡차곡 쌓고 그것을 원통형이 되게 이엉으로 덮은 뒤, 흰 광목으로 둘러 묶고 다시 베 위에 연꽃잎을 장식하여, 화장을 위한 장

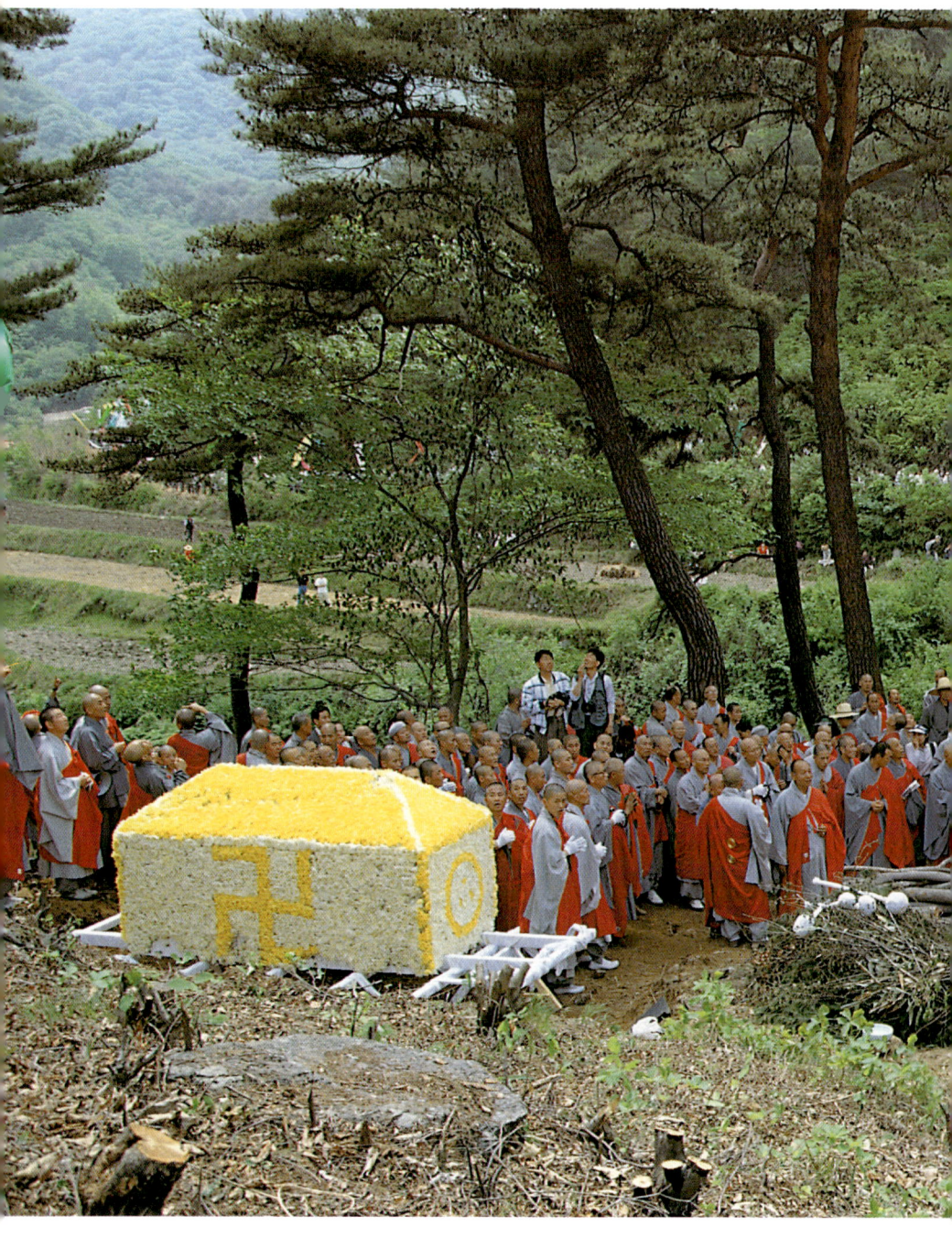

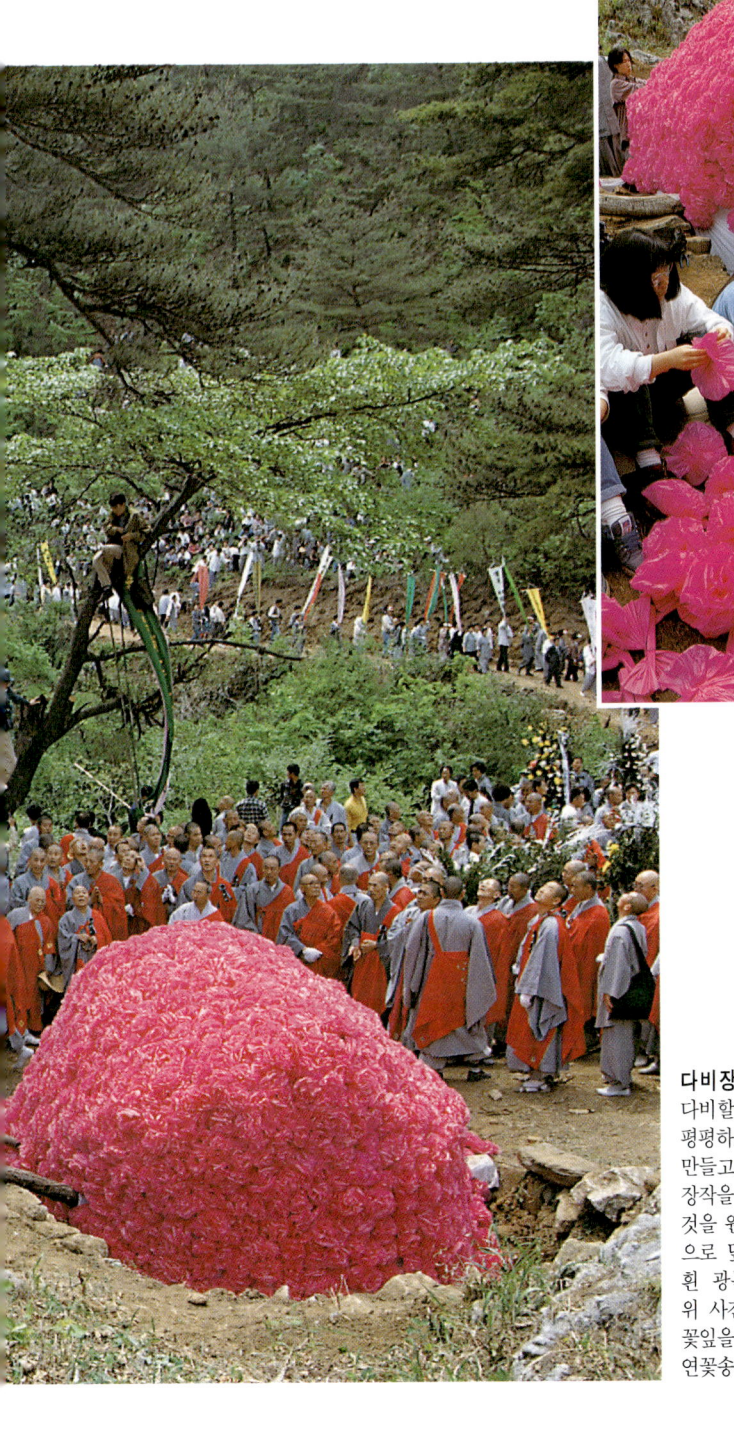

다비장에 도착한 영구
다비할 곳은 먼저 땅을
평평하게 고른 다음 단을
만들고 그 위에 참나무
장작을 차곡차곡 쌓고 그
것을 원통형이 되게 이엉
으로 덮는다. 이를 다시
흰 광목으로 둘러 묶고
위 사진처럼 그 위에 연
꽃잎을 장식하여 거대한
연꽃송이로 만든다.

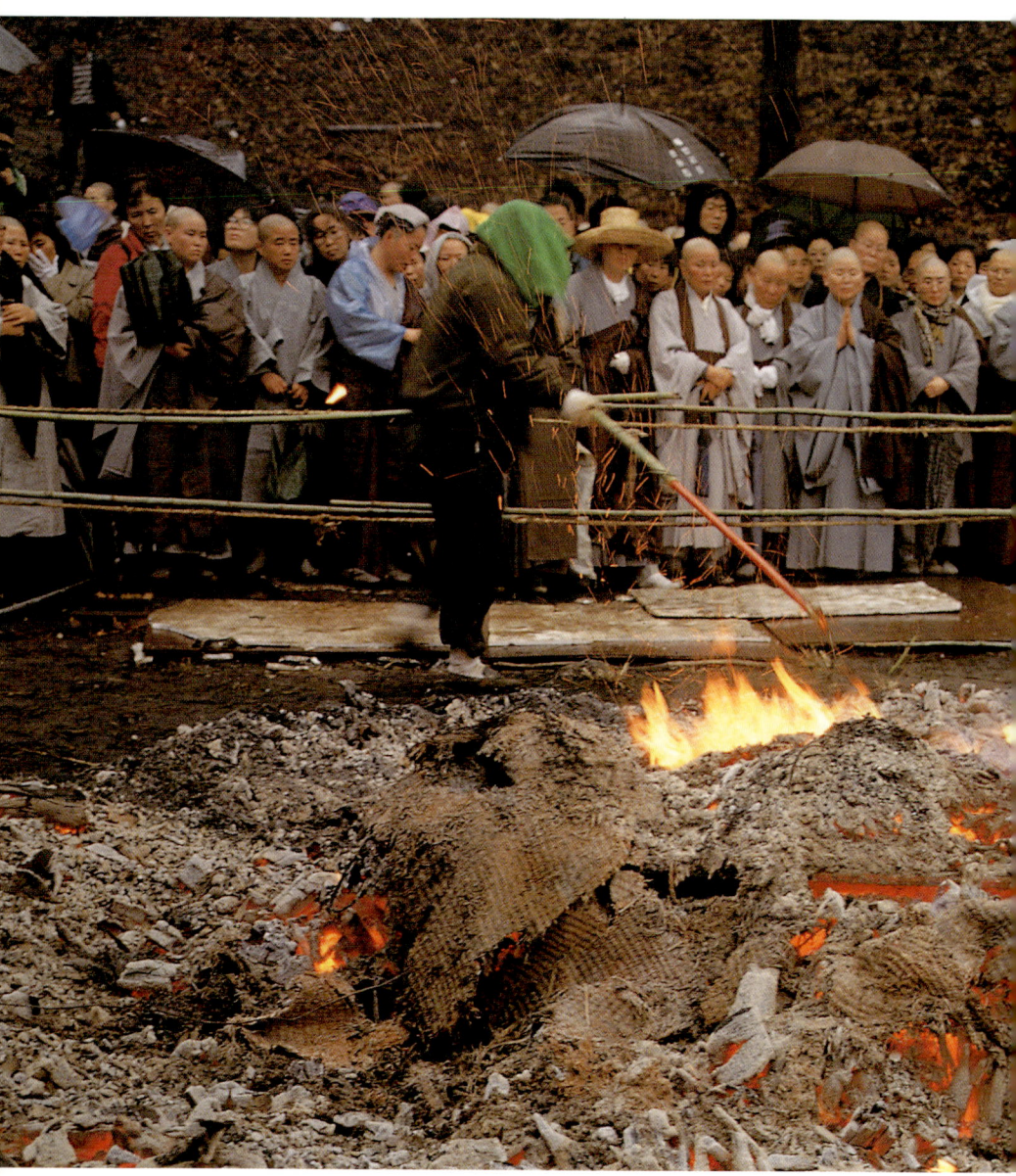

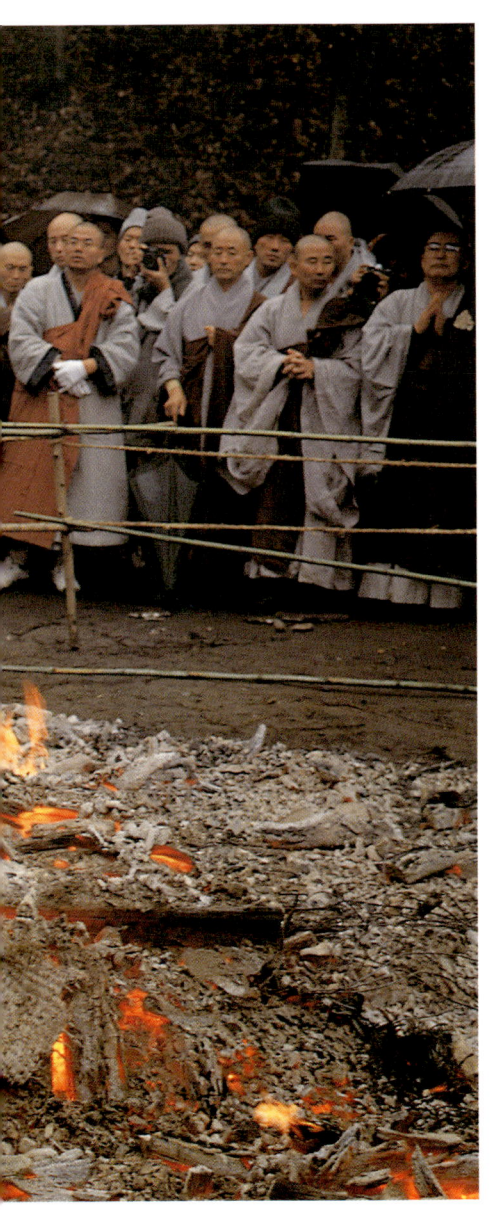

작더미를 거대한 연꽃송이로 만든다. 그래서 사람들은 이것을 연화대(蓮花臺)라 부른다.

이 가운데로 영구를 운반하고 이엉을 다시 정리한 다음 밖에다 남겨 놓은 장작을 한 겹 더 둘러 세운다. 이엉 위에 기름을 끼얹고 주승과 제자들이 불을 붙인 섶 뭉치를 준비하고 있다가 거화, 하화의 의식이 끝나면 드디어 연화(蓮花)에 점화한다. 불길이 하늘 높이 솟구치고 대중의 염불소리가 울려 퍼지면 육신은 다시 땅·물·불·바람으로 돌아간다.

예전의 다비도 요즈음 방식과 크게 다르지 않다. 다비할 곳을 찾아 먼저 땅을 평평하게 고르고 대(臺)를 만들어 그 중앙에 약 3척(1미터) 깊이로 구덩이를 판다. 그 안에 물그릇을 넣어 두는데 이것을 중방수(中方水)라 한다. 중방수를 평평한 돌로 덮고 흙으로

다비장에 모인 사람들 새벽녘에 이르면 불길은 거의 사라지고 한 줌의 재만 남게 된다. 남은 숯과 재를 헤치고 영골과 사리를 거두어 깨끗이 한다.

메운 다음, 그 위에 장작을 쌓는다.

구(柩)를 들어 장작 위에 얹고 제를 올린 후 법사(法師)와 대중이 함께 아미타불을 열 번 외우고 다시 관 위에 장작과 섶을 쌓는다. 이와 같이 화장 준비가 모두 끝나면 오방기(五方旗)를 세운다. 장작더미 맨 위에 황번(黃幡)을 꽂고 그곳에서 일곱 걸음 떨어진 곳에 자리를 잡아 사방기를 세우는데 청번(靑幡)은 동방에, 적번(赤幡)은 남방에, 백번(白幡)은 서방에, 흑번(黑幡)은 북방에 세운다. 사방기 앞에도 각각 물그릇을 놓은 뒤 오방불(五方佛)에게, 이제 귀의하는 영가를 접인(接引)하여 주도록 창송한다.

송이 끝나고 법사가 거화 착어(着語)를 하면 다섯 사람이 오방에서 관을 모신 나뭇더미에 불 붙일 준비를 끝내고 다 함께 선다. 법사가 다시 하화 착어를 마치면 곧바로 오방에서 불을 붙인다. 법사와 십인(十人)이 함께 행원품(行願品)을 외우면 하화 절차가 모두 끝나고 거대한 불기둥이 서방을 향해 타오른다. 새벽녘에 이르면 불길은 모두 사라지고 한 줌의 재만 남게 된다.⁷⁾

남은 숯과 재를 헤치고 영골과 사리를 거두어 깨끗이 한 뒤 영골은 분쇄하여 산천에 뿌리고 사리와 남은 영골은 거두어 부도에 안치한다. 뼈를 부수어 뿌리는 것 역시 복잡하고 엄격한 절차와 형식을 필요로 한다. 『석문가례초』는 「누각기(樓閣記)」를 인용하여 쇄골법(碎骨法)을 자세히 기록하고 있다.

사람이 죽으면 그 시신을 잡목이 우거진 곳에서 화장한다. 동시에 썩지 않는 베로 8척의 주머니를 만들어 둔다. 화장 3일 후에 나무젓가락과 주머니를 가지고 화장터에 이르러 나무젓가락으로 뼈를 주워 주머니에 담는데 동쪽을 향하여 버드나무 가지를 파서 절구통처럼 만든 발우(鉢盂)에다 영골을 두 그릇 정도로 나누어 담는다.

나무로 절굿공이를 만들고 참기름 3되, 백탄(白炭) 3말, 화장한 재 3
숟가락, 초석자리 1장 등을 준비하여 산봉우리에 올라가 반석 위에 올려
놓는다. 나무젓가락으로 뼈를 집어 향탕수에 씻은 뒤 그것을 다시 백탄
위에 올려 놓고 태운다. 이때 왕생게(往生偈)를 외우고 전과 같이 나무
젓가락으로 영골을 집어 버드나무 발우에 담은 뒤 절굿공이로 영골을 빻
아 가루를 만든다. 참기름 3되에다 뼛가루를 붓고 띠(茅)로 만든 솔을
사용하여 그것을 초석 위에 바른다.
　　초석을 다시 튼튼하고 판판한 돌 위에 세워 놓고 의식에 따라 그것을
불태운다. 이때 모두 절차에 의해 의식을 행하고 자리를 태운 재를 사방
에 흩뿌린다. 그 다음 미리 준비한 화장한 재 3숟가락을 물에다 섞어 뼛
가루와 반죽하여 콩만 하게 환(丸)을 만든다. 그 환을 들고 연못으로 가
서 맑은 물속에 그것을 던져 물고기들에게 보시한다.[8]

　　아울러 이와 같은 방법으로 쇄골을 하면 나중에 다시 수륙재를 지내
지 않아도 된다고 설명한다.
　　이러한 다비의 의식이나 절차도 시대에 따라 조금씩 변천하였다. 항
상 그 시대의 상황에 맞게 생략되고 더해지면서 오늘날까지 이른 것이
다. 그러나 다비 의식에 담긴 불교적 의미와 정신은 옛날과 오늘이나
다름이 없다.

다비의 내용

　　그러면 이제 다비의 원문, 번역문, 그리고 각 과정에 담긴 불교적 의
미를 살펴보기로 하자.

일반 장례 절차

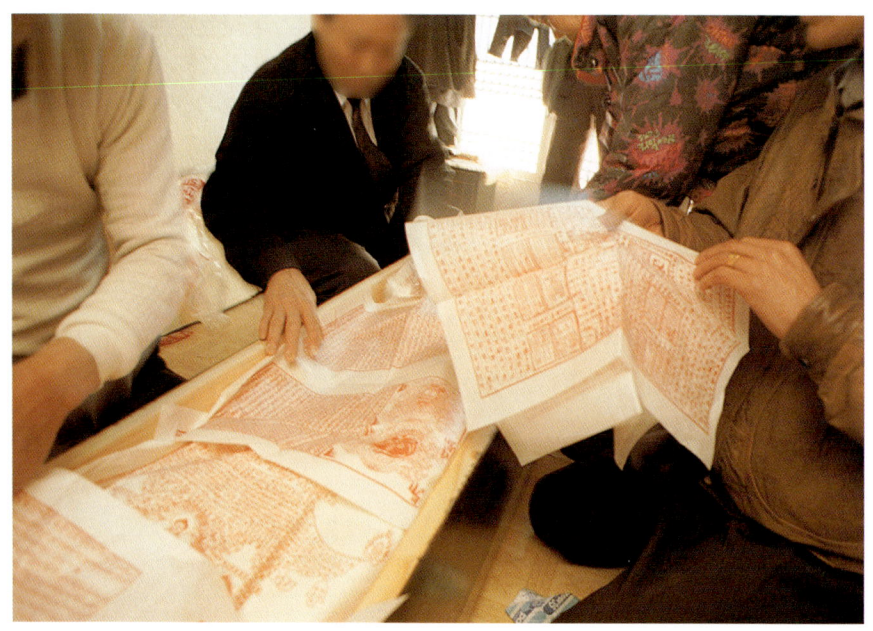

입관 다비와 매장은 방법에서 근본적으로 차이가 있지만 그 전 단계인 준비 의식은 크게 다르지 않다. 임종에 이르면 시신을 관에 넣어 안치하는데 여기서는 시신 위에 불경을 덮었다.(위)

성복 상제들이 망자와의 관계에 따라 상복을 갖추어 입는다. 아버지를 잃은 경우에는 대나무 지팡이를, 어머니를 잃은 경우에는 오동나무 지팡이를 짚는다. 성복이 끝나면 조문객을 맞이하기 시작한다.(옆면)

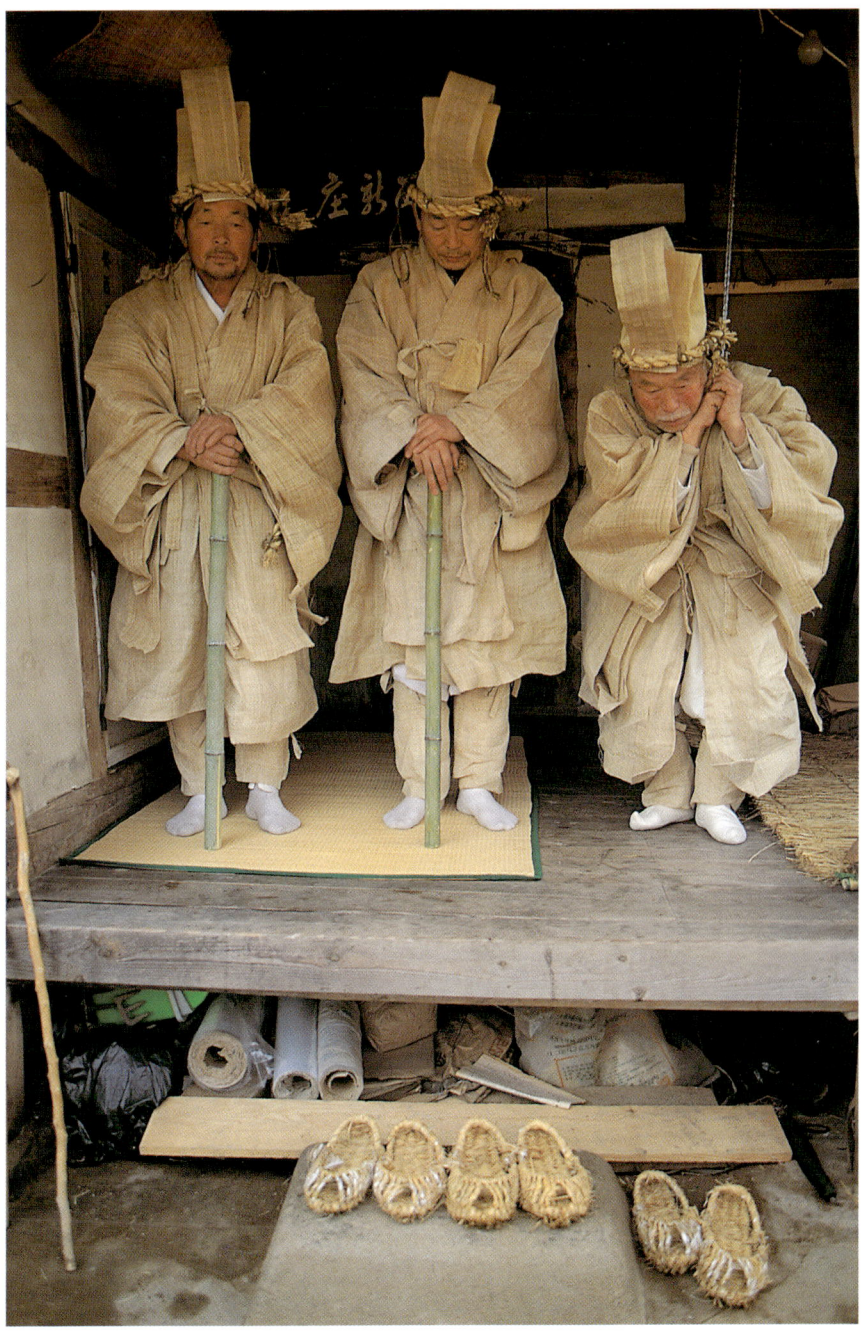

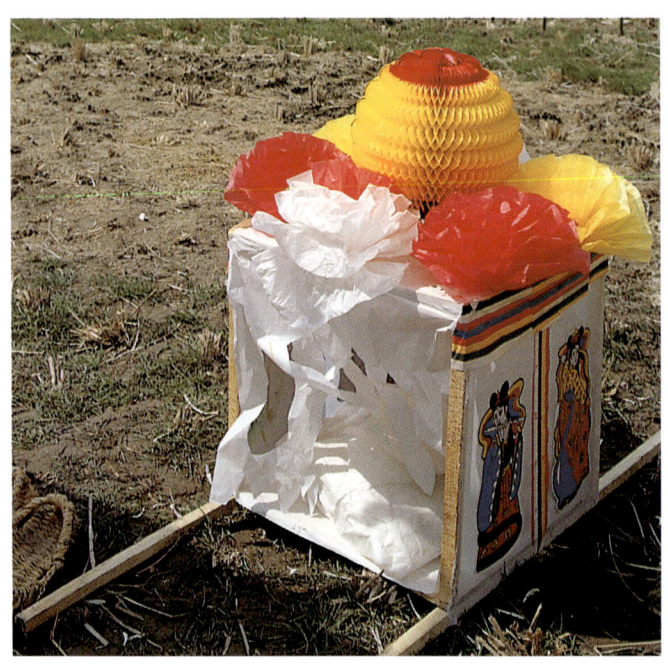

영여 상여에 앞서 죽은 이의 영혼을 운반하는 작은 가마이다. 요즘은 영여 대신 영정을
어깨에 걸고 상여 앞에 서는 일이 많다. (위)

상여 행렬 영구가 장지로 떠나는 것을 발인이라 한다. 아침에 상여를 꾸미고 영구를 옮
겨 싣는다. 앞소리꾼이 상여 위에 올라타고 상엿소리에 맞춰 상여가 움직이게 되는데 거
기에는 죽은 이를 추모하는 내용이 담겨 있다. (옆면)

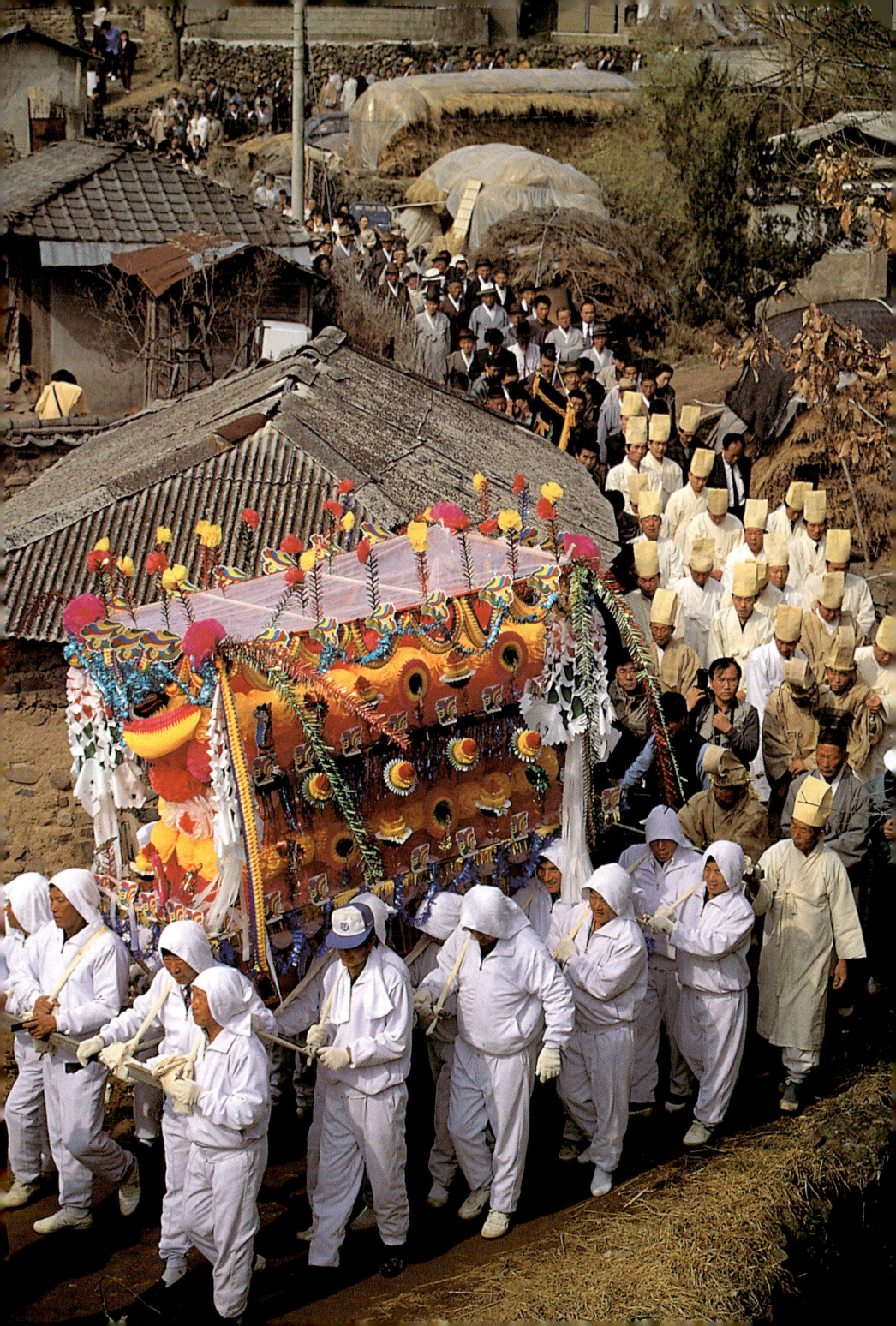

삭발

신원적(新圓寂) 모영가(某靈駕)시여!

태어난다고 하는 것은 어디로부터 오는 것이며

죽는다고 하는 것은 어디로 향해 가는 것입니까.

태어난다고 하는 것은 한 조각 흰구름이 일어나는 것과 같고 죽는다고 하는 것은 한 조각 흰구름이 사라지는 것과 같습니다. 뜬구름이 본래 실체가 없는 것처럼 태어나고 죽고 가고 오는 것도 이와 같습니다.

오직 한 물건이 있어 항상 홀로 드러나서 그대로 담담하여 생사를 따르지 않습니다.

영가시여! 담담한 한 물건이 무엇인지 알겠습니까.

불길의 바람이 일어 천리가 무너져도 고요하고 고요하여 흰구름 가운데 있도다. 지금 삭발로 무명(無明) 번뇌를 끊어 없애니 십사(十使) 번뇌가 어디에서 일어나리오.

한 조각 흰구름이 골짜기를 가로막으니 돌아가는 새들 둥지를 잃어버렸네.

新圓寂某靈 生從何處來 死向何處去 生也一片浮雲起 死也一片浮雲滅 浮雲自體本無實 生死去來亦如然 獨有一物常獨露 湛然不隨於生死 某靈 還會得湛然底一物麼 鑊湯風搖天地壞 寥寥長在白雲中 今玆削髮 斷盡無明 十使煩惱 何由復起 一片白雲橫谷口 幾多歸鳥盡迷巢[9]

　머리털은 근본 무명을 상징하며, 삭발은 곧 근본 무명을 끊는 것이다. 근본 무명은 생사의 근본이니 무명을 끊으면 일체의 지말(枝末) 번뇌가 사라지고 생사의 고통에서 벗어나게 된다. 백파 긍선은 생사와 열반을 진공(眞空)과 묘유(妙有)로 해석한다. 범부와 성인의 생사가 똑같은 묘용(妙用)이므로 오늘 망인(亡人)의 생사도 항상 고요하고 항상 밝은 대열반(大涅槃)이라고 갈파(喝破)하고 있다.[10] 선가는 이러한 전제로 다비 의식을 이해하고 있는 것이다.

목욕

만일 부처님의 경계를 알려거든 그 마음을 허공과 같이 하십시오.

멀리 망상과 전도를 떠나서 마음이 향하는 곳마다 걸림이 없게 하십시오.

○○영(靈)이시여! 다시 그 마음을 허공과 같이 하였습니까. 그렇지 않다면 다시 나의 설명을 들으십시오. 이 바른 깨달음의 성품은 위로는 제불(諸佛)로부터 아래로 육범(六凡)에 이르기까지 하나하나가 당당하고 하나하나가 갖추어져 티끌과 티끌에 통하고 물(物)과 물에 드러나니 닦아 이루지 않아도 뚜렷하게 밝습니다. (주장자를 잡고) 다시 보입니까. (주장자를 치고) 다시 들립니까. 이미 뚜렷하게 보고 역력하게 들었으니 궁극적으로 이것은 무엇입니까.

부처님 얼굴은 깨끗한 둥근 달 같고 천 개의 태양이 비추는 것 같습니다. 지금 헛되고 환과 같은 티끌 때를 씻어내고 무너지지 않는 금강의 몸을 얻으십시오.

청정한 법신(法身)은 내외(內外)가 없고 가고 오는 것과 생사는 한결같은 영원한 진실입니다.

若人欲識佛境界 當正其意如虛空 遠離妄想及諸趣 令心所向皆無碍 某靈 還當正其意如虛麼 其或未然 更聽註脚 此正覺之性 上至諸佛 下至六凡 一一當當 一一具足 塵塵上通 物物上現 不待脩成 了了見明 拈柱杖云 還見麼 打下云 還聞麼 旣了了見 旣歷歷聞 畢竟是介什麼 佛面猶如淨滿月 亦如千日放光明 今玆沐浴幻妄塵垢 獲得金剛不壞之身 淸淨法身無內外 去來生死一眞常[11]

목욕 편에서는 미세한 번뇌의 때를 깨끗이 씻어내고 청정한 부처의 경계를 얻으라고 권고하고 있다. 번뇌의 티끌이 깨끗해지면 이것이 곧 부처의 경계인 금강의 몸이므로 어떠한 힘으로도 무너지게 할 수 없다.

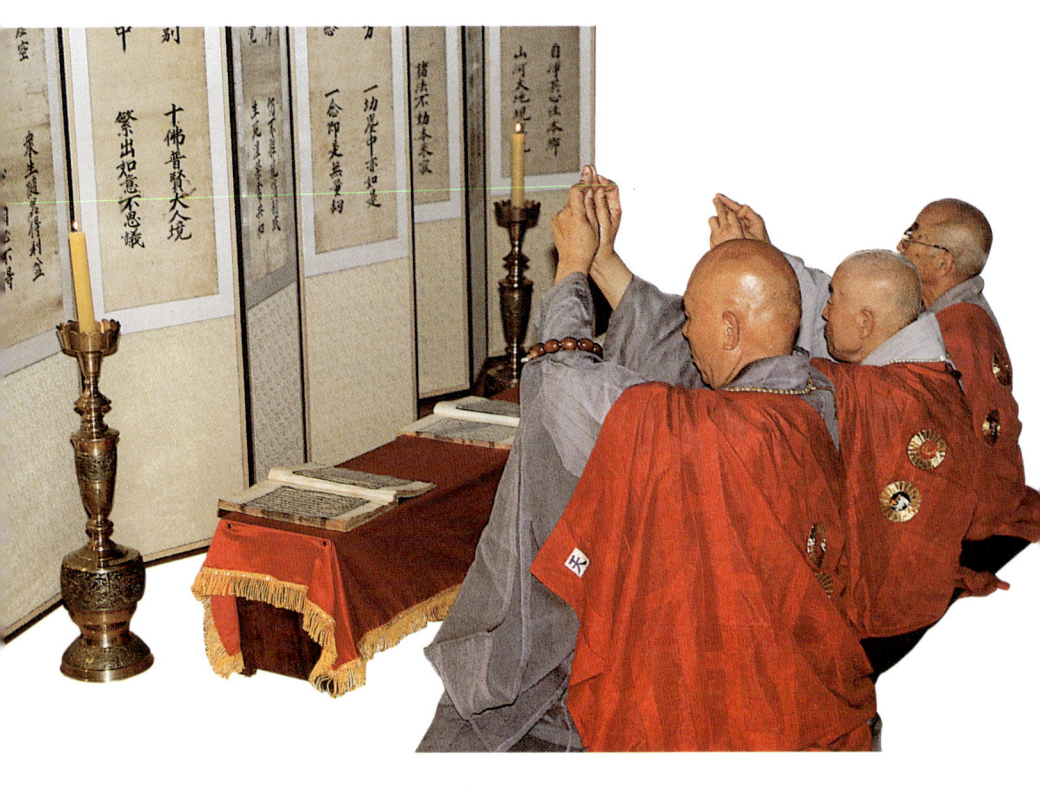

목욕 병풍 안에 관욕단을 차리고 병풍 밖 앞쪽에 의식승이 앉아 결인(結印)으로 영가의 목욕을 상징하는 의식을 한다. 사진 대원사.

깨끗함이 지극하면 광명이 환해지고 조용하게 비추어 허공을 머금었습니다.

문득 세간을 관찰하니 오히려 꿈 가운데 일과 같습니다.

지금 머리 위에 관을 쓰시니 그것은 수능엄삼매(首楞嚴三昧)로 천성(千聖)이 함께 성취하신 것입니다.

인지(因地) 법행(法行)으로 마음이 퇴전하지 않으니 마침내 묘각에 오름은 의심의 여지가 없습니다.

見聞如幻翳 三界若空花 聞復翳根除 塵消覺圓淨 淨極光通達 寂照含虛空 却來觀世間 猶如夢中事 今玆着冠 宬上頂門 首楞嚴三昧 千聖共由 因地法行心不退 終登等妙也無疑[16]

앞의 팔구(八句)는 수능엄게(首楞嚴偈)이다. 수능엄삼매는 최상의 삼매로서 망자가 관을 쓰는 것은 최상의 삼매에 드는 것을 상징하는 것이다. 즉 수행의 최종 단계를 착관으로 나타내고 있다.

정좌

신령스런 광명이 홀로 비추니 육근의 티끌을 벗어납니다.

그대로 드러난 참된 모습은 문자(文字)에도 걸림이 없습니다.

참된 성품은 물들지 않으니 본래 스스로 원만합니다.

다만 망녕된 인연만 여의면 그대로가 여여한 부처님입니다.

지금 바르게 앉으심은 이것이 법공(法空)의 자리입니다. 제불보살도 이로써 집을 삼으셨습니다. 묘보리좌(妙菩提坐)에 앉아 법공으로 장엄하셨으니 모든 부처님이 여기에서 정각(正覺)을 이루셨습니다.

그대는 지금 이와 같이 바로 앉았으니 우리 모두 다같이 불도를 이룰 것입니다.

靈光獨曜 逈脫根塵 體露眞常 不拘文字 眞性無染 本自圓成 但離妄緣

卽如如佛 今玆正坐 是爲法空 諸佛菩薩 以爲窟宅 妙菩提坐勝莊嚴 諸
佛坐已成正覺 汝今正坐亦如是 自他一時成佛[17]

이 정좌 편은 몸을 정결히 하고 의관을 깨끗하게 갈아입은 영가를 바르고 편안한 자리로 모시는 의식이다.

그러면 영가를 모시는 바른 자리는 어떠한 자리인가. 게송은 망령된 인연을 여읜 법공이 바로 불보살(佛菩薩)의 정좌임을 설파하고 있다. 법공은 아공(我空) 이후에 증득되는 경계로서 소지장(所知障, 참다운 지혜를 가로막는 지적인 장애)이 모두 단멸됨으로써 얻을 수 있는 것이다. 앞에서는 이미 몸을 깨끗이 하여 번뇌장이 소멸된 아공을 얻었으므로 이제는 소지장도 사라진 법공의 자리에 앉을 수 있게 되었다.

긍선은 처음 게송이 백장(百丈)의 말을 인용한 것으로 첫번째 2구(二句), 즉 '신령스런 광명이 홀로 비추니 육근을 벗어난다' 함은 묘유로서 마음이 가는 곳이 사라졌다〔心行處滅〕는 것을 말하고, 다음의 2구 '그대로 드러난 참된 모습이 문자에 걸리지 않는다' 함은 진공으로서 언어의 길이 끊어졌다〔言語道斷〕는 의미로 보았다.[18] 또 다음 2구인 '참된 성품은 물들지 않으니 본래 스스로 원만하다' 는 게송은 진공의 자리이고 후의 2구 '다만 망녕된 인연만 여의면 곧 여여한 불' 이라는 게송은 묘유의 부처님을 말하는데 여여는 이여(理如) 사여(事如)로서 기(氣)와 용(用)이 동시에 원만한 것이라고 해석한다. 그러므로 이 구절은 시각(始覺)과 본각(本覺)이 합한 구경각(究竟覺)이라고 정의하였다.

백파는 정좌란 진공의 자리에 묘유의 영신(靈身)이 앉는 것으로서 구경(究竟)의 정각이라고[19] 결론짓는다. 이것이야말로 정좌의 참된 의미이다. 정좌 후 시식례(施食禮)를 하고 십념(十念)을 하며 그 다음 심경(心經)을 송(頌)하고 표백(表白)을 마치면 입감 의식을 진행한다(시식에서 표백까지의 번역은 생략하고 다만 그 원문을 아래에 기록한다).

施食云

我此一片香 生從一片心 願此香烟下 熏發本眞明 切以生死交謝 寒署
迭遷 其來也 電擊長空 其去也 波澄大海 某靈 生緣已盡 大命俄遷 了
諸行之無常 乃寂滅而爲樂 恭依大衆 肅詣前進 誦諸聖之弘名 薦淸魂
於淨土 仰憑大衆念

次十念云

我此一鉢飯 不下香積饌 願此一味熏 禪悅飽駒駒

次誦心經 尊勝亦得

表白

黃梅山下 親傳佛祖之傳心 臨濟門下 永作人天之眼目 不忘本誓 速還
娑婆 再明大事 普利群生 莊嚴普智 念十方三世[20]

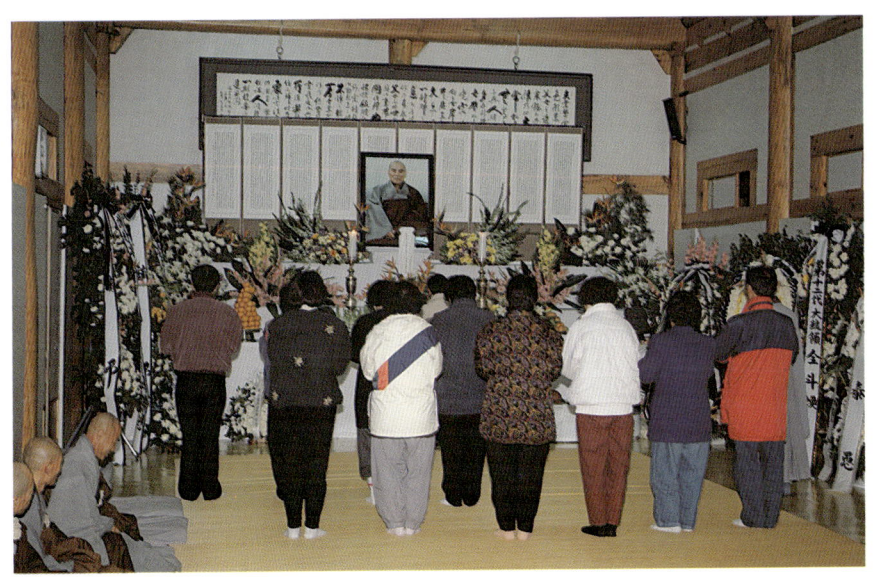

성철 스님 다비식에 참여한 조문객

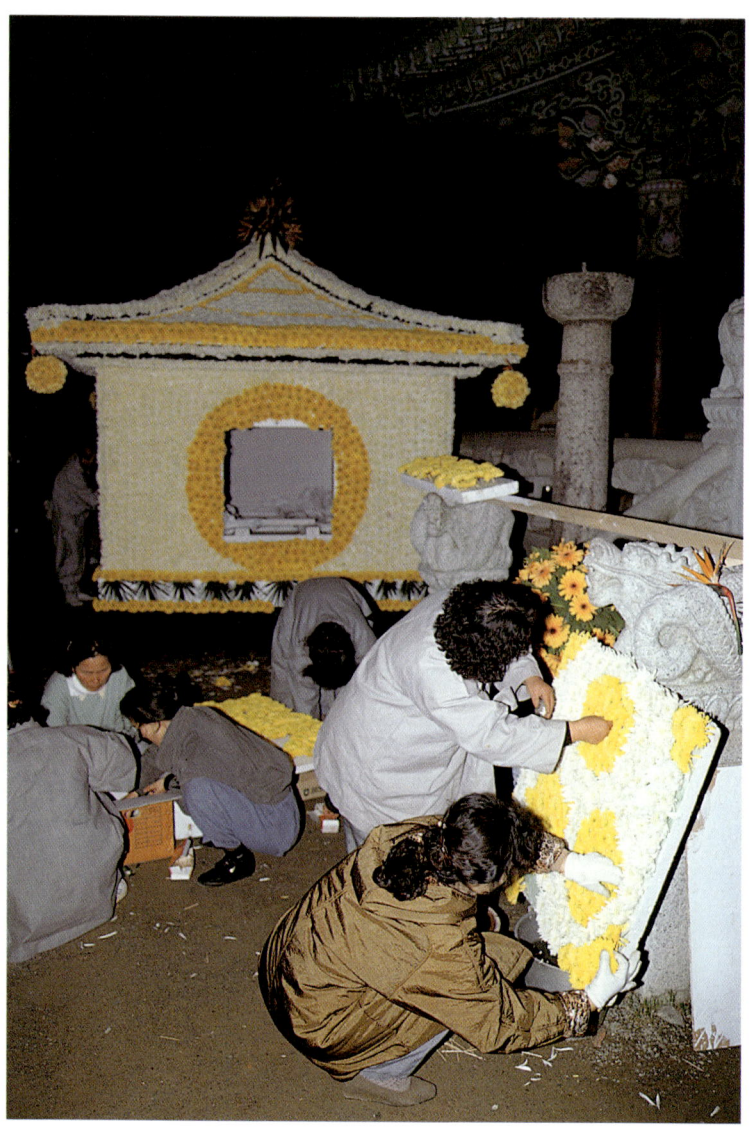

상여를 꾸미는 보살들 영가를 장엄하게 떠나보내려는 사람들의 마음이 연꽃처럼 아름답다.

입감

대중은 말해 보시오. 과거불〔古佛〕도 이렇게 갔고 현재불〔今佛〕도 이렇게 갔으며 모영가도 이렇게 갔으니 어떤 물건이 감히 부서지지 않으며 무엇이 길이 견고하겠습니까. 모든 사람들은 알겠는가. 영가와 삼세제불이 일시에 성도하고 영가와 십류(十類) 군생(群生)이 같은 날 열반에 듭니다. 아직도 혹시 그렇게 되지 않았습니까.

눈 달린 석상이 조용히 눈물 흘리고

벙어리 동자가 가만히 탄식을 합니다.

大衆且道 古佛也伊麼去 今佛也伊麼去 某靈也伊麼去 何物不敢壞 是誰長堅固 諸人還知麼 靈駕與三世諸佛 一時成道 共十類群生 同日涅槃 其或未然 有眼石人齊下淚 無言童子暗嗟噓[21]

입감은 열반을 말하는 것으로서 공과 유가 둘이 아닌 대열반을 가리키는 것이라고 백파는 설명하였다. 열반은 삼덕(三德)을 갖추고 있다. 첫째가 부처님의 본체인 법신덕(法身德)이요, 둘째가 실상을 아는 진실한 지혜인 반야덕(般若德), 셋째가 지혜에 의하여 참다운 자유를 얻은 해탈덕(解脫德)이다. 영가와 삼세제불과 십류 군생이 같은 시에 성불하고 같은 날 열반에 드는 일이야말로 삼덕을 구족(具足)한 대승의 대열반이다.

백파는 마지막 2구 가운데 석상〔石人〕은 대기(大機)이고 눈물 흘린다〔下淚〕는 것은 원응(圓應)이며 아랫구〔句〕의 동자(童子)는 대용(大用)이고, 한숨쉰다〔嗟噓〕는 것은 직절(直截)이라고[22] 하였다.

이와 같이 대승(大乘)의 열반은 선적인 계기를 통해 중생에게 회향되고 있다.

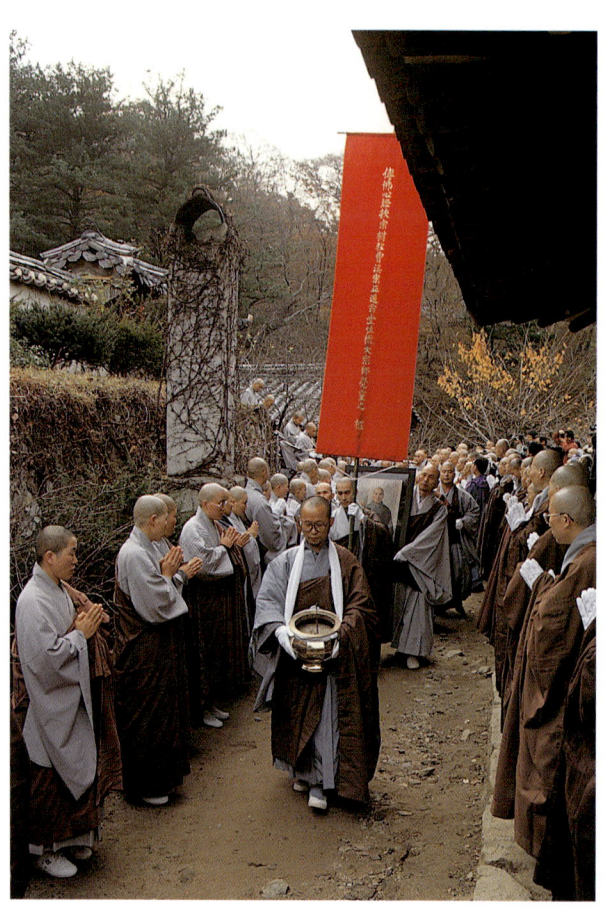

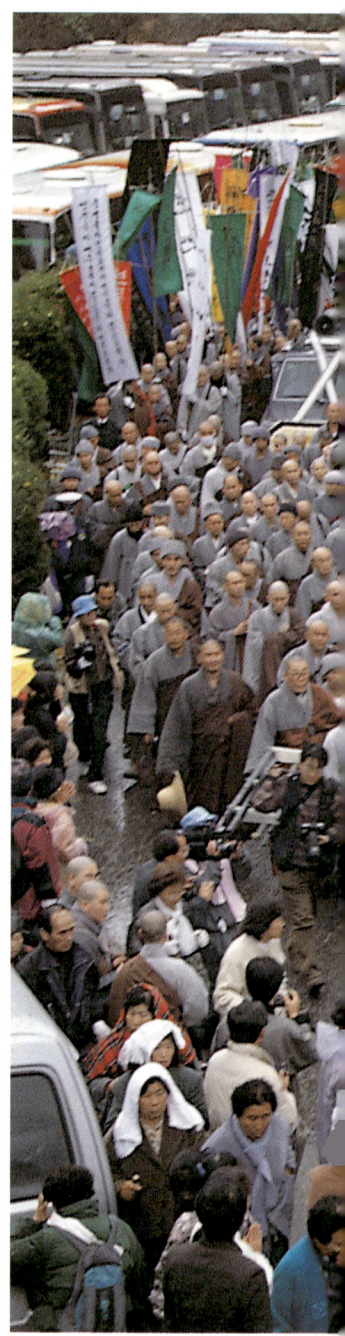

성철 스님 상여 행렬 맨 앞으로 영정이 서고 그 뒤로 상여 행렬이 줄을 이었다. 백파 긍선은 입감은 곧 열반에 드는 것이라고 설명하였으며 대승의 열반은 선적인 계기를 통해 중생에게 회향되고 있다.

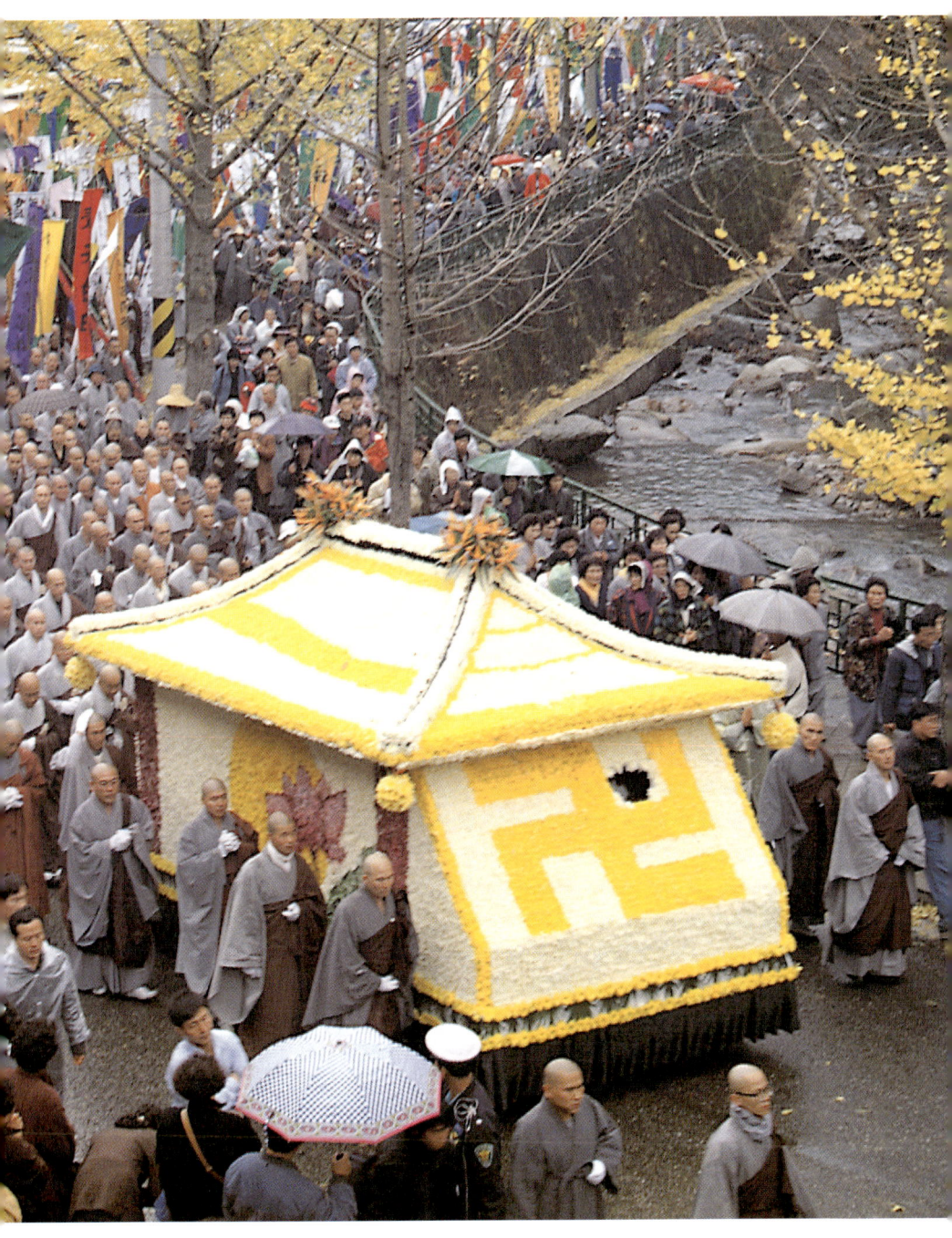

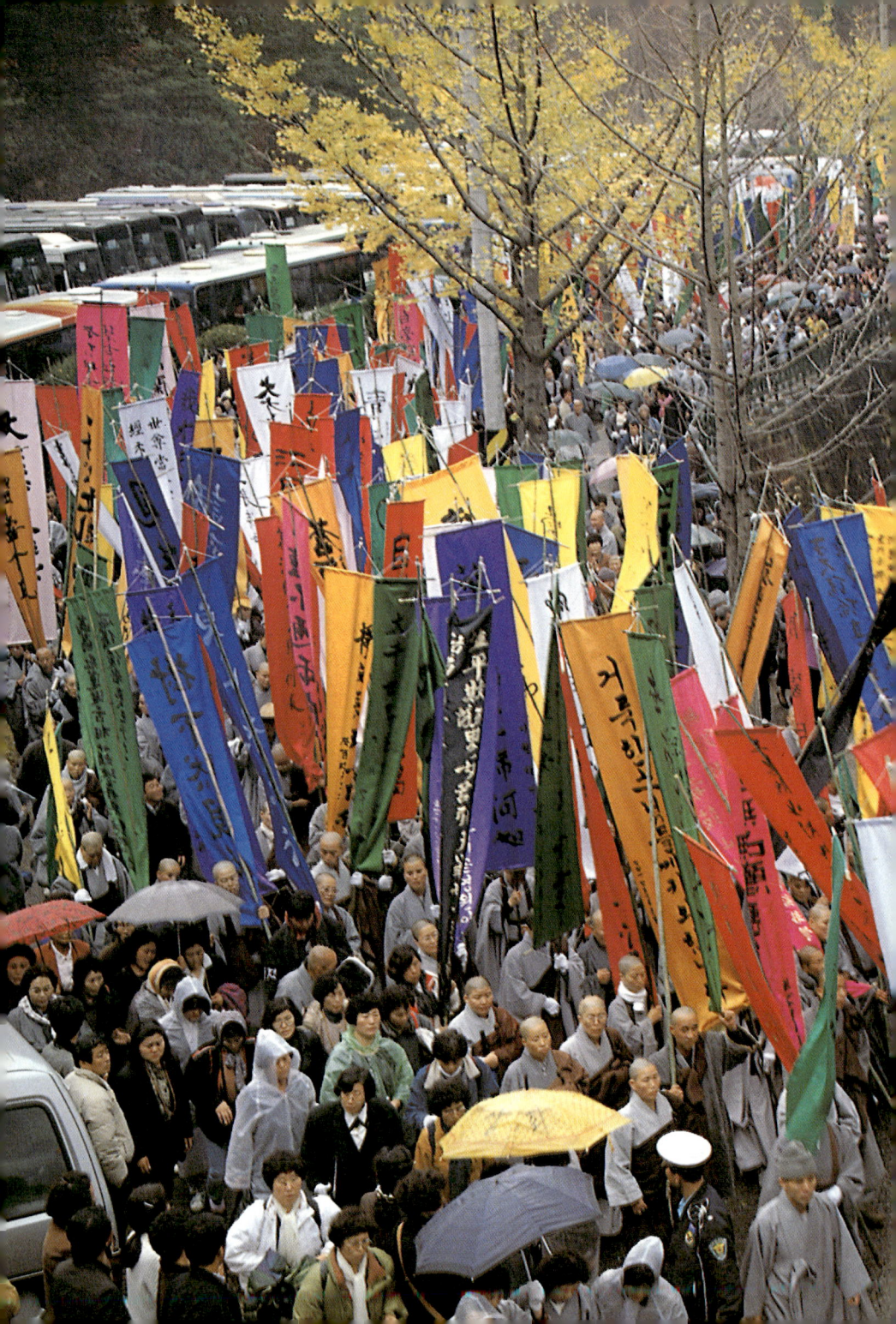

서방(西方)을 향하여

사대를 빌려 이 몸이 되었으니 마음은 본래 무생(無生)이나 경계를 따라 생겨납니다.

경계 없으면 마음 또한 없는 것이니 죄와 복도 환상처럼 일어났다가 사라집니다.

영가시여! 죽고 태우고 흩는 것을 마쳤으니 어디로 향해 가야 합니까.

그림자 없는 나무 아래 달과 바람을 읊고 무봉탑(無縫塔) 앞에서 안신입명합니다.

假借四大以爲身 心本無生因境有 前境若無心亦無 罪福如幻起亦滅 入靈死了燒了散了 向什麼處去 無影樹下 嘯月吟風 無縫塔前 安身立命[33]

북방(北方)을 향하여

이 몸이 실(實)이 없다고 보는 것이 부처의 몸이요, 마음이 환과 같다고 아는 것이 부처의 마음입니다.

몸과 마음이 본래 공함을 깨달으면 이 사람은 부처와 무엇이 다르겠습니까.

영가시여! 백골은 재가 되어 모두 흩어졌는데 그 중에 누가 주인입니까.

오직 하나의 허공에 밝은 달과 맑은 바람이 있습니다.

見身無實是佛身 了心如幻是佛心 了得身心本性空 斯人與佛何殊別 入靈 白骨燒散盡 箇中誰是主 唯有一虛空 明月與淸風[34]

중앙을 향하여

부처는 몸이 보이지 않으니 이것이 부처인 줄 아십시오. 그것이 실제로 있다고 안다면 다시 부처는 있지 않을 것입니다.

지혜로운 사람은 죄성이 비어 있는 것임을 아니 그냥 생사를 따르지 않을 것입니다.

영가시여! 타버린 잿가루가 대지에 흩어지는데 뼈마디가 무엇하러 편안한 것을 찾겠습니까.

佛不見身知是佛 若實有知別無佛 智者能知罪性空 坦然不隨於生死 入靈灰飛大野 骨節何安 驀地一聲 始到牢關 咄 一點靈明非內外 五臺空鎖白雲閑[35]

뼛가루를 사방을 향해 뿌림으로써 다비의 모든 의식은 끝난다. 산골 편은 온 곳도 없고 간 곳도 없으며 보탤 것도 없고 감할 것도 없는 본래의 진실한 모습으로 돌아간 주인공과 대화하는 장면을 보여 준다. 그동안 존재한 것은 한낱 환상에 지나지 않았음을 주인공에게 다시 이르고 있다. 이것이 바로 대회향(大回向)이 아닌가.

다비문은 단순히 의식을 행하기 위한 형식적인 글이 아니라 전통적인 불교 사상과 우리의 고유 문화가 함께 융합되어 있는 매우 귀중한 자료이다.

다비의 의의

오늘날 우리 사회에 매장법(埋葬法)이 일반화된 데에는 여러 가지 이유가 있겠지만, 무엇보다도 유교적인 효와 조상숭배 관념 및 풍수지리설의 영향이 크다고 할 것이다. 유교는 인륜도덕을 중시하여 자손이 부모와 조상의 은혜에 보답할 것을 강조하며, 부모가 살아 계실 때는 물론 돌아가신 후에도 살아 계실 때와 똑같이 보은(報恩)해야 하는 효도 윤리를 세워 놓고 있다.

또한 풍수지리설에 의하면, 천지만물은 땅속의 생기(生氣)를 받아 생장·번창하므로 생기가 충만한 장풍득수(藏風得水)의 길지 명당(吉

주소

성명

龍 룡 별 의 신 학

민화 속의 대기 은연수 선생이
재미있고 독특한 용 박물 지(博物誌)

우편요금
수취인 후납 부담

발송 유효 기간
1999. 4. 30~2001. 4. 29
서울 용산 우체국
승인 제54호

우편요금
수취인 후납 부담

발송 유효 기간
1999. 4. 30~2001. 4. 29
서울 용산 우체국
승인 제54호

대원사

서울시 용산구 후암동 358-17
전화 (02)757-6717(代) 팩스 (02)775-8043
E-Mail : daewonsa@chollian.net
홈페이지 : http://www.daewonsa.co.kr

1 4 0 - 1 9 0

※ 우표 기간이 지난 엽서는 우표를 붙이지 않고 사용하실 수 있습니다.

(주)대원사의 책을 구입해 주신 독자 여러분께 감사드립니다. 저희 출판사는 한국문화 전반을 한눈에 보여주는 새로운 문고인 「빛깔있는 책들」, 동서양의 문화와 정신 세계를 깊이 있게 다루고 있는 「대원동서문화총서」, 꿈 많은 어린이들을 위한 「권하는 책들」을 비롯한 여러 책을 발행하고 있는 종합 출판사입니다.

이 엽서는 독자 여러분의 구입 편의(회원제 운영, 할인 혜택 등) 제공과 함께 본사의 기획·편집 등의 참고 자료로 소중하게 이용됩니다. 엽서가 도착되면 본사의 회원으로 등록되며 계간 소식지 및 종합 도서목록을 보내 드리겠습니다.

책을 구입하신 동기

☐ 서점에서 우연히　　☐ 광고를 보고 (　　　에 실린광고)　　　　☐ 주위의 권유로
☐ 인터넷 광고를 보고　☐ 신간 안내 및 서평을 보고 (　　　에 실린 글)　☐ 기타

책을 읽고 느끼신 점

내용　☐ 만족 ☐ 보통 ☐ 불만　　　표지　☐ 만족 ☐ 보통 ☐ 불만
편집　☐ 만족 ☐ 보통 ☐ 불만　　　책값　☐ 만족 ☐ 보통 ☐ 불만

출간을 희망하는 책의 내용이나 종류

회원 정보

성 명 :　　　　　　성 별(남·여)　생년월일 : (양·음)　　년　월　일

E-mail :　　　　　　　　　직 업 :　　　　　　전화번호 :

종 교 :　　　　　　　　　구독신문·잡지 :

구입한 책 제목 :

그동안 구입하신 「빛깔있는 책들」의 권 수 :

책을 구입한 장소 :　　　지역　　　서점

대원사에 하고 싶은 말씀 :

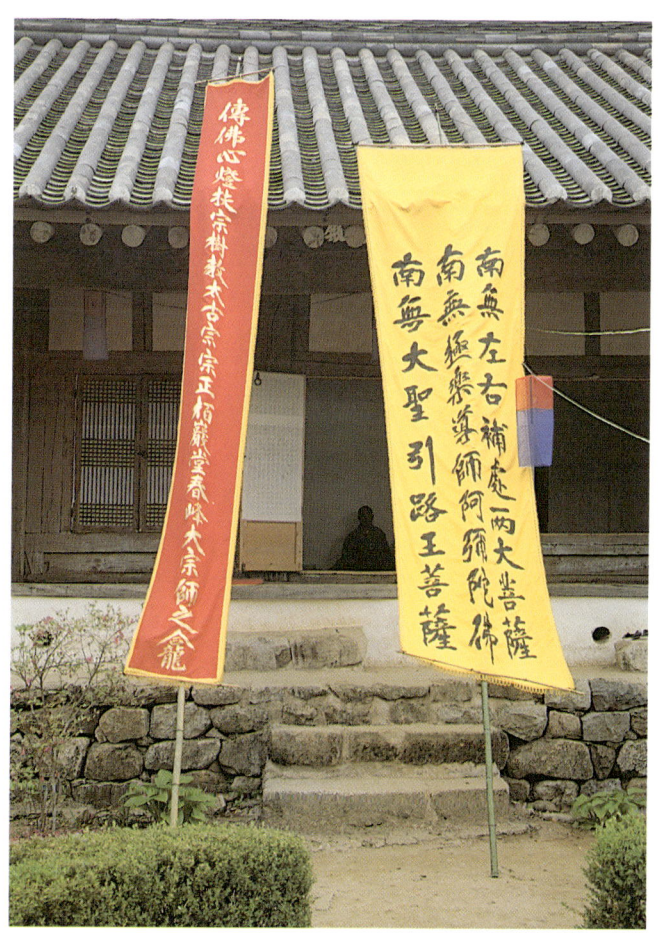

다비문 단순히 의식을 행하기 위한 형식적인 글이 아니라 전통적인 불교 사상과 우리의 고유 문화가 함께 융합되어 있는 매우 귀중한 자료이다.

地明堂)을 선정하여 매장하면, 땅속에 묻힌 자는 물론 그 자손까지도 번성한다고 한다. 부모의 해골(骸骨)은 생존하고 있는 자손의 것과 동일한 기(氣)일 뿐만 아니라, 자손의 기의 근본을 이루고 있으므로 피장자(被葬者)의 해골이 땅속의 생기를 충분하게 받으면 그 생기가 자손에게 감응되어 가문(家門)이 안락과 번창을 누릴 수 있다는 것이다. 이러한 관념과 전통 때문에 대부분의 사람들이 불교의 화장법을 부정적으로 생각한 것은 당연한 일이었다.

고려시대 말엽에서 조선조 초엽에 활약했던 함허당(涵虛堂) 기화(己和)의 『현정론(顯正論)』에는 화장을 비판하는 유가(儒家)의 입장과 화장을 옹호하는 기화의 주장이 함께 기록되어 있어 흥미를 끈다.

『현정론』에 의하면, 당시 유생들 사이에 "상사(喪事)는 인간사의 대사(大事)로서 부모가 죽으면 장지(葬地)를 잘 골라 후하게 장례를 치러야 하는 것이다. 이것은 뿌리 깊은 나무에 열매가 많이 열리듯 자손으로 하여금 번성케 하기 위함인데, 불교도들은 이러한 이치를 모르고 망령되이 화장법을 행하여 후사(後嗣)를 끊게 하고 있으니 어찌 큰 잘못을 저지르고 있는 것이 아니겠는가"[36]라는 비난이 있었다.

이러한 비난에 대해 함허당은 "사람의 육체는 집과 같고 정신은 그집의 주인과 같아서 집이 무너지면 주인이 머물 수 없듯이 몸이 무너지면 정신이 떠나는 것인데, 사람들은 나무와 흙으로 지어지고 온갖 더러운 것으로 꾸민 집에 대해 애착을 갖기 때문에 그 집의 더러움을 알지 못하고, 그리하여 집이 무너지더라도 홀연히 떠나지 못한다"[37]라고 불교적인 입장에서 자신의 견해를 밝히고 있다. 화장으로 죽은 후에나마 이러한 미혹에서 벗어나게 해 주어야 할 텐데 매장함으로써 망령된 생각을 그대로 보존케 하는 것은 옳지 않다고 반박한다. 또한 화장하는 것은 사람들로 하여금 더러움을 버리고 깨끗한 데로 나아가게 하고 정신을 맑게 하여 승천(昇天)케 하며, 극락왕생을 돕는 도(道)로서 훌륭

덕과도 같았고 앞 못 보는 이에게는 친절하게 손을 잡아 이끌어 주는 길 안내인과도 같았으며, 어두운 방에 환히 켜진 등불과도 같았던 스승이 사라지고 만 것이다. 사람들은 길을 잃었고 등불을 잃었고 눈을 잃었고 지혜를 잃었다.

부처님을 곁에서 모시던 아난다(Ananda)는 마을 사람들에게 부처가 곧 열반에 들 것이라는 소식을 알리며 뒤늦게 후회하지 말고 그를 와서 뵙도록 권하였다. 사람들은 하늘이 무너지는 것 같았다.

아난다로부터 이러한 말을 들은 말라족(Mallas) 사람들은 아들, 부인, 딸들과 함께 가슴이 에이는 듯한 깊은 슬픔에 젖었다. 그 갑작스러운 괴로움으로 어떤 이는 머리를 산발하여 통곡하였고, 어떤 이는 팔을 뻗어 슬피 울며, 또 어떤 이는 땅에 드러누워 마구 여기저기 뒹굴면서 "아! 세존께서는 무슨 연유로 이리도 급히 열반에 드십니까? 원만한 이께서는 무슨 까닭에 이리도 급히 열반에 드십니까? 세상의 눈은 무슨 까닭에 이리도 빨리 모습을 감추시나이까?"라며 여래의 입멸을 비탄해 하였다.[39]

부처님은 세상에 아무런 흔적도 남기지 않고 떠났다. 사람들은 더 이상 존재하지 않는 그 분을 주저앉아 그리워할 수만은 없었다. 그들은 부처님을 대신할 어떤 것을 찾았다. 자신들이 부처님을 언덕 삼아 의지하여 왔듯이 이제는 그를 대신하여 의지할 만한 것을 찾기로 하였다. 그리고 그들은 그런 믿음의 언덕을 찾는 데 성공하였다. 그것은 바로 사리였다. 땅·물·불·바람의 사대로 이루어진 부처님의 육신은 이미 재가 되고 말았지만 다비한 그곳에는 오색영롱한 사리가 고스란히 남겨졌다. 이제 사리가 부처님의 역할을 대신하게 된 것이다.

사리란 무엇인가

사리의 뜻

사리는 산스크리트어 'sarīra(팔리어는 sarīra)를 소리나는 대로 적은
것이다.[40] 이 'sarīra를 소리나는 대로 표기하여 사리라(舍利羅)라고 하
였다가 줄여서 사리라고 부르게 되었다. 또는 설리라(設利羅), 실리(實
利), 실리(室利)라고 표기하기도 하며, 그 의미를 취하여서 신골(身骨)
이라고 부르기도 한다.

'sarīra는 본래 '몸'을 의미하며 이것이 복수형으로 되면 신골, 유골
(遺骨)이라는 뜻을 가지게 된다. 즉 우리가 일반적으로 말하는 사리는
본래 몸 그 자체를 의미한다고 할 수 있으며, 이러한 의미를 바탕으로
해서 인체를 화장하고 난 뒤에 남겨진 뼈 전체 또는 가루가 된 뼛조각
까지 폭넓게 뜻하고 있다.

> 사리는 곧 설리라라고 하며, 신골이라고 번역한다. 사리에는 쇄신(碎
> 身)인 것과 전신(全身)인 것이 있다.[41]

> 사리는 바로 설리라, 또는 실리라고도 하는데 이것을 번역하면 신(身)
> 의 의미가 된다.[42]

그런데 이같은 사리는 단순히 죽은 자의 몸을 가리키거나 또는 그 뼈
를 부순 것만을 의미하는 것에 그치지 않았다. 부처를 향한 믿음이 충
만한 불자들은 사리의 의미를 좀더 높은 차원으로 승화시켰다.

> 서로 연결되어 있던 신체[舍利羅]는 다비되어서 잘게 부수어진 진주
> (眞珠, Dhatuyo)가 된다.[43]

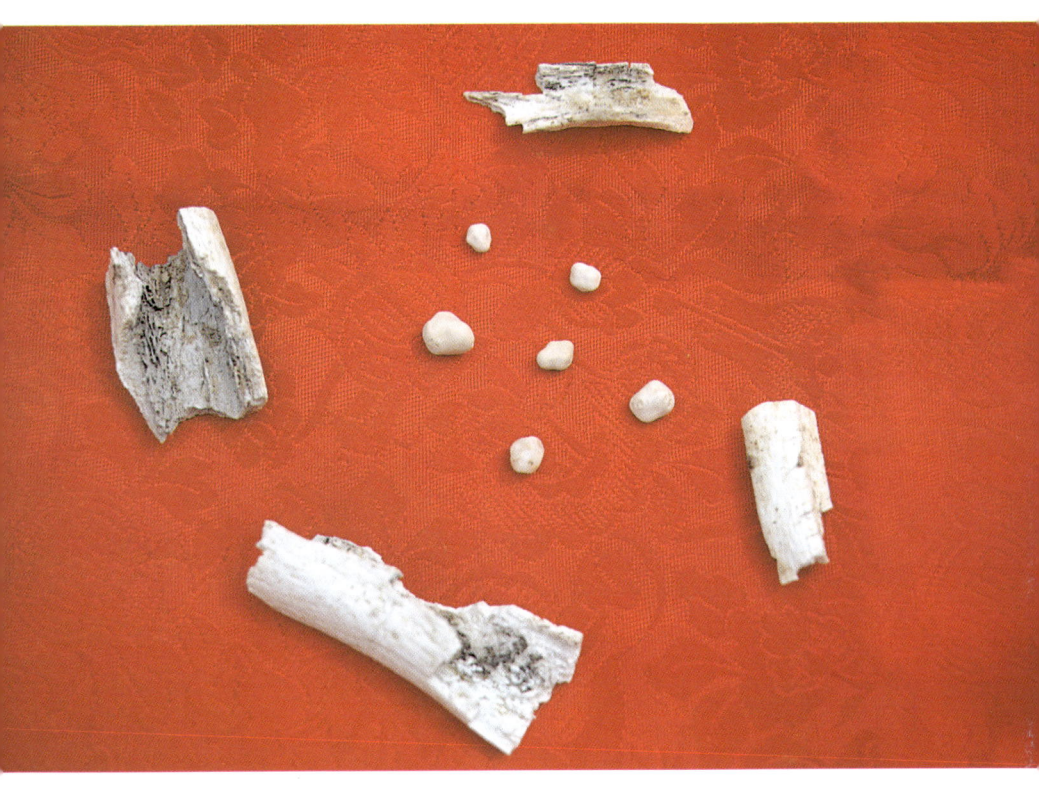

사리와 유골 일반적으로 말하는 사리는 본래 몸 그 자체를 의미하며, 이러한 의미를 바탕으로 해서 인체를 화장하고 난 뒤에 남겨진 뼈 전체 또는 가루가 된 뼛조각까지를 포괄한다.

사리는 단순히 몸 또는 뼈를 의미하는 차원에서 벗어나 보석과 같은 것으로 여겨지게 되었으며 오늘날에도 사람들은 사리를 매우 소중하게 모시고 있다.

사리의 성분

사리란 서역(西域)의 범어이니 한문으로 신골이라 한다. 범부들과 같은 죽은 사람의 뼈와 혼동할까 염려하여 범본(梵本)의 이름을 그대로 둔 것이다. … (중략) … 부처의 사리는 망치로 때려도 부서지지 않고 그 제자들의 사리는 망치로 때리면 곧 부서진다.[44]

사리는 이처럼 신성시되고 있지만 정작 사리를 구성하는 성분이 무엇인가에 대한 과학적 분석은 최근에야 이루어졌다.

사리는 지금까지 결코 범접할 수 없는 높고 깊고 은밀한 경지에서 사람들의 숭배를 받아 왔으며 감히 사리를 분석하여 그 정체를 밝힌다는 것은 엄두도 내지 못했기 때문이다.

인간의 몸을 이루고 있는 물질은 기본적으로 모두 유기물이다. 이는 탄소를 포함한 화합물을 의미하며 단백질, 지방, 탄수화물 등 생명 현상과 관여하는 모든 물질들이 여기에 속한다. 문제는 이들 유기물은 다비식에서와 같은 고온의 불길에서는 모두 연소되어 아무 것도 남기지 않는다는 점이다. 즉 사리는 최소한 유기물은 아닌 셈이다. 불길 속에서도 그대로 남을 수 있는 것은 칼슘과 같은 무기물로 이루어진 뼈뿐이다. 그러나 사리와 유골은 분명히 구분되고 있다.

지금까지 사리에 대해 그 어떠한 화학적 성분 분석도 행해진 적은 없다. 또 그런 일은 있을 수도 없으므로 정확히 규명되지 않았다. 의학자들은 몸속의 결석(結石)일 것으로 추정하고 있다. 뼈를 제외하고 우리 몸에 생길 수 있는 무기물로는 콩팥의 결석과 간이나 쓸개의 담석이 대표적이다. 콩팥 결석이나 담석은 모두 칼슘을 포함하며 나이가 많아질수록 잘 생긴다는 것이다. 특히 정좌한 채 몇 년씩 움직이지 않고 수양하는 스님들에게는 담즙이나 소변의 배출이 원활치 못하다. 그러므로 이들이 생길 수 있는 여지가 더욱 높다.[45]

처음에는 이처럼 몸에서 만들어지는 결석일 가능성이 높다는 의견이 조심스럽게 제시되었다. 하지만 2년 뒤 좀더 분석적인 기사가 발표되어 눈길을 끌었다.

  수도 승려의 시신에서 많이 나오는 것으로 알려진 사리의 성분과 경도(硬度)가 국내 처음으로 밝혀졌다. 인하대 분석화학실 실장 임형빈(任亨彬)은 최근 백금요법연구학회 회장 목관호(睦款皓)로부터 사리 1과(顆)에 대한 분석을 의뢰받아 20일 그 결과를 밝혔다. 이에 따르면 지름 0.5 센티미터 정도의 팥알 크기 사리에서 방사성 원소인 프로트악티늄(Pa)과 핵융합원료로 쓰이는 리튬(Li)을 비롯, 티타늄, 나트륨, 크롬, 마그네슘, 칼슘, 칼륨, 인산, 산화알루미늄, 불소, 산화규소 등 12종이 검출되었다.
  임 실장은 "사리 성분이 일반적으로 뼈 성분과 비슷했으나 프로트악티늄, 리튬, 티타늄 등이 들어 있는 점이 큰 특징이었다"며 양을 알아보는 정량 분석은 하지 않았다고 밝혔다. 또 사리의 굳기 즉 경도는 1만 5천 파운드의 압력에서 부서져 1만 2천 파운드에서 부서지는 강철보다도 훨씬 단단했다. 사리는 인체의 어느 곳에, 왜 생기는지 아직 규명되지 않은 채 결석과 비슷한 것으로 알려져 왔다. 그러나 결석의 주성분은 칼슘, 망간, 철, 인 등으로 사리와 다르고, 고열에 불타 없어지는 등 경도

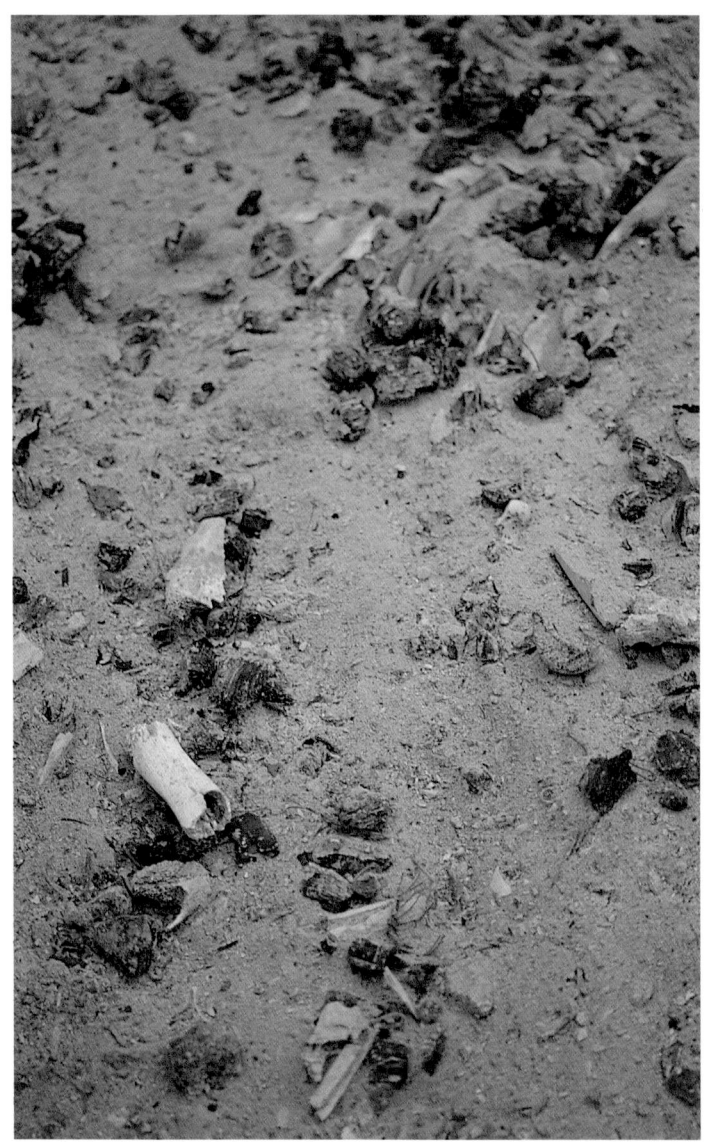

다비 후 남은 재와 유골

도 사리에 미치지 못하는 것으로 밝혀져 사리가 결석은 아닌 것으로 보인다.[46]

『법원주림(法苑珠林)』 등의 옛 문헌에 의하면 부처의 사리는 몽둥이로 내리쳐도 부서지지 않는다고 하였는데 앞의 기사와 같이 강철보다도 단단한 경도를 갖고 있음은 확실하게 밝혀진 셈이다. 하지만 사리를 둘러싼 여러 가지 의문은 명쾌하게 밝혀지지 않았다. 사리의 정체는 앞으로도 한동안 베일에 싸여 있을 듯하다.

사리의 종류

사리는 시신의 신체 부위에 따라 각각 다른 이름으로 부른다. 머리카락은 발사리(髮舍利), 뼈는 골사리(骨舍利), 몸은 육사리(肉舍利)라고 한다. 각각은 서로 다른 색을 보이는데, 골사리는 백색, 발사리는 흑색, 육사리는 적색이다.[47]

화장 풍습이 일반화되어 있던 인도 사회에서는 시신을 태우고 난 뒤에 남은 뼈를 부수어서 그것을 사리라고 불렀다. 그뿐 아니라 시신을 온전하게 매장한 것도 사리라고 불렀는데, 태우고 난 뒤에 남은 뼈를 부순 것을 쇄신(碎身)사리, 그대로 온전하게 매장한 시신 전체를 전신(全身)사리라고 부른다.[48]

불교에서는 사리의 분류법이 조금 다르다. 불교를 구성하고 있으며 불교를 상징하는 가장 소중한 세 가지 보물을 가리켜 삼보(三寶)라고 부른다. 그것은 바로 부처〔佛〕와 부처의 가르침〔法〕, 그리고 부처님의 가르침을 믿고 따르는 승가〔僧〕이다.

부처가 이 사바세계를 떠난 뒤에 사람들은 부처의 사리를 불사리, 부처의 말씀을 담은 경전을 법사리, 부처의 말씀을 믿고 따르는 제자의 몸에서 나온 사리를 승사리라고 불렀다. 불사리와 법사리를 안치한 것이 탑(塔)이고 승사리를 안치한 것이 바로 부도(浮屠)이다. 탑과 부도뿐만 아니라 계단(戒壇)이나 불상의 내부에 봉안되기도 하였고 또는 경전 축(軸)의 끝부분을 깊이 도려내어서 그 속에 사리를 봉안하기도 하였다.[49] 경전 속에 봉안된 불사리는 그 경전을 그대로 법사리로서 상징지우는 특색 있는 사리 봉안법이다.

이 가운데 불사리는 부처의 유해를 다비한 뒤 남겨진 사리를 가리키는 것은 말할 것도 없지만 특히 부처의 치아나 손톱, 머리카락 등도 사람들의 숭배를 받고 있는 또 다른 사리이다.[50]

불사리는 아소카왕(Aśoka, 재위 기원전 272~기원전 232년)에 의하여 8만 4천 기의 탑으로 나누어져 인도 전역으로 퍼져 나갔다고 하지만 후세에 발굴된 탑 속에는 부처의 사리뿐만 아니라 사리를 상징하는 다른 보석이나 광석이 안치되어 있는 경우도 많다. 이런 경우에는 사리를 진신사리(眞身舍利)와 변신사리(變身舍利)로 나누기도 한다.[51]

법사리의 경우 대표적인 경은 『금강반야경(金剛般若經)』, 『무구정광대다라니경(無垢淨光大陀羅尼經)』, 『묘법연화경(妙法蓮華經)』, 『화엄경(華嚴經)』, 『연기법송(緣起法頌)』, 『전신사리경(全身舍利經)』을 들수 있는데 이 가운데 『금강반야경』을 제외한 모든 경들에는 한결같이 사리를 안치한 탑을 공양해야 한다는 내용이 담겨 있다.[52]

사리 용기

사리는 부처의 유해이다. 부처의 유해가 반드시 어떤 것에 담겨서 불에 태워졌듯이 사리 또한 탑 속에 봉안하기 위해서는 이것을 담는 그릇이 필수적이다.

사리는 대체로 네 겹의 용기로 포장된다. 이것은 부처가 입적하였을 때에 세간의 전륜성왕(轉輪聖王)의 장례 절차에 의거한 것에서 응용한 것이라고 한다.

먼저 유체(遺體)를 면포로 감는다. 다음에 철제통(鐵製桶)에 넣거나 금관(金棺)에 넣은 다음 철곽(鐵槨) 안에 놓기도 한다. 다음에 향목(香木)으로 화장퇴(火葬堆)를 만들고 다비한다. 마지막으로 사리를 수습하여 단지에 넣고 큰길 네거리에 탑묘를 건립한다. 찰(刹)을 세워 번(幡)을 달고 화환이나 향, 기악으로 공양한다.[53]

사리를 담는 그릇은 대개 수정병(水晶瓶)이나 유리병(琉璃瓶)이고, 이 그릇은 금속 용기에 넣어진다. 이 금속 용기는 또다시 돌로 만든 함(函) 속에 넣어지고 맨 마지막으로 흙으로 만든 그릇에 담기게 된다.[54] 이런 포장 방식은 불교가 전래된 각 나라에 전승되고 있다. 또한 사리 용기로 금, 은, 동, 돌을 사용하는데 이것은 예부터 전해 내려오는 인

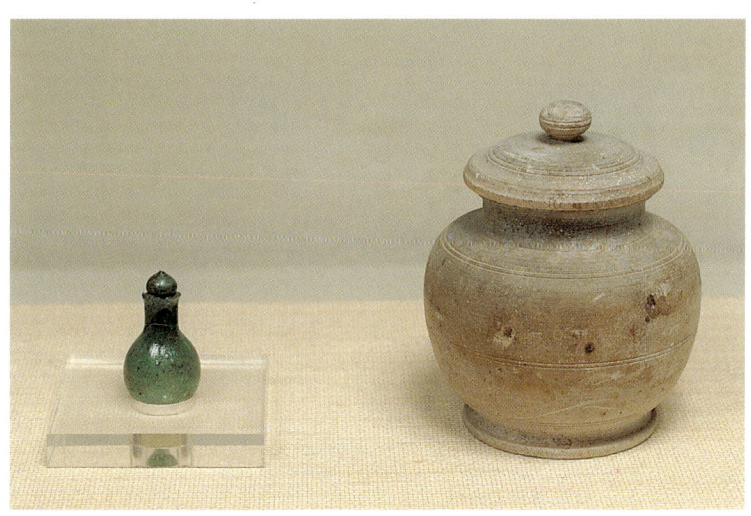

경북 봉화 서동리 석탑 사리구 사리를 담는 그릇은 대개 수정병과 유리병이고, 이 그릇은 금속 용기에 넣어진다. 이 금속 용기는 다시 돌로 만든 함 속에 넣어지고 맨 마지막으로 흙으로 만든 그릇에 담기게 된다. 국립경주박물관 소장.

도의 옛 제도를 따른 것이다.

사리기(舍利器)는 일반적으로 석함(石函) 안에 청동함(靑銅函), 다시
그 속에 은함(銀函), 그 속에 금함(金函), 그리고 마지막에 유리병이 놓
여 있고 그 투명하고 파란 병 안에 사리가 들어 있다. 사리는 유리병에
넣으므로 사리 용기에는 거의 유리병이 있다. [55]

사리기는 이런 원칙에 입각하면서도 불교가 전파된 각 나라의 문화
와 공예 수준에 따라서 매우 다양하게 발전하였다. 따라서 우리는 사리
기 하나로도 그 나라 고유의 불교 문화를 가늠할 수 있다.
이처럼 사리기의 발전은 결국 사리에 대한 불교도들의 지극한 신앙
을 반영한다. 그렇다면 이 사리 신앙은 어떻게 성립되어 왔을까. 이제
사리 신앙의 역사를 살펴보기로 한다.

부처의 열반과 사리의 분배

생자필멸(生者必滅)이요, 회자정리(會者定離)라는 세상의 이치대로
인간뿐만 아니라 동물, 식물, 나아가서는 이 우주 전체가 언젠가는 그
생명을 다하는 법이다. 태어난 자는 반드시 죽음을 맞게 되고 만나고
모인 자는 언젠가는 틀림없이 이별하게 마련이다. 이것은 어느 누가 정
한 법도 아니고, 그렇다고 해서 마음대로 거스를 수 있는 규칙도 아니
다. 이 세상에 엄연히 존재하는 법칙이다. 팔십 평생을 길에서 태어나
길에서 지내다가 결국 길에서 생을 마감한 석가모니 부처도 이 필연의
법칙을 벗어나지 않았다.
부처는 임종을 지켜보던 제자들에게 다음과 같이 말하였다.

"태어난 자는 반드시 죽는다. 이 세상은 덧없다. 너희들도 쉬지 말고 정진하며 그러한 세상의 이법(理法)을 깨닫도록 하라. 스스로를 등불로 삼고 법(달마)을 등불로 삼아라."

그뒤 부처는 곧 선정(禪定)에 들고 조용히 이승에서의 삶을 마감하였다. 부처는 중생을 위해 짐짓 이 세상에 몸을 나타내고 마침내 생사를 떠난 경지인 열반에 들었다. 이 세상은 괴로움과 덧없음으로 가득 차 있는 곳이다. 거역하려 해도 거역하지 못하는 생로병사의 이치에 순응해야 하는 세계이며 괴로움을 참고 견딜 수밖에 없는 세상이다. 그런 세상을 사바세계라고 한다. 인토(忍土), 즉 참고 견디며 살아가야 하는 국토라는 뜻이다. 하지만 열반의 경지는 그렇지 않다. 온갖 번뇌와 고통을 모두 벗어 버리고 자유와 평정을 누리게 되는 세계이다. 더 이상 태어나고 늙고 병들고 죽는 괴로움을 되풀이하지 않는 완전한 경지이다. 부처는 전 생애를 통하여 사람들에게 이러한 경지에 함께 이르자며 가르침을 전하였다.

한편 부처님의 입적 소식을 듣고 뒤늦게 달려온 가섭(迦葉, Mahākāśyapa)의 지휘 아래 다비 의식이 거행되었다.

마하가섭(摩訶迦葉)이 도착하자 천신(大神)들이 그를 위하여 금으로 된 관을 열고 염해 놓은 수의를 제쳐 놓았다. 이때 대가섭(大迦葉)이 부처님의 보체(寶體)에 머리 조아려 예배드리자 비구, 비구니, 우바새, 우바이의 사부대중도 따라서 예배드렸다. 대가섭이 사람들에게 시켰다.

"새로 지은 면 보자기로 부처님의 보체를 잘 염하고 새 향유를 금관에 가득 채워 놓고서 관에 부처님의 보체를 천천히 눕혀 드린 다음에 관 뚜껑을 닫도록 하시오."

그리고 나서 다시 말하였다.

"장작에 온갖 향을 섞어서 다비목(茶毘木)을 쌓으시오."

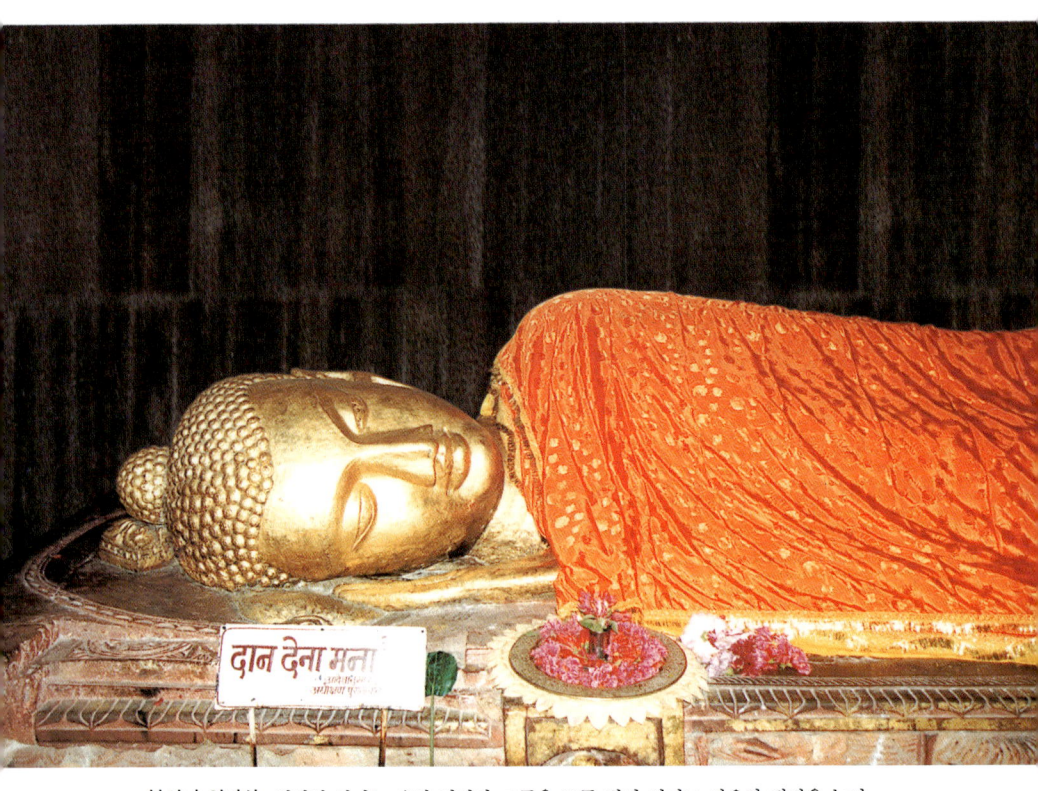

부처님 열반상 열반의 경지는 온갖 번뇌와 고통을 모두 벗어 버리고 자유와 평정을 누리게 되는 세계이다. 부처님은 전 생애를 통하여 사람들에게 이러한 경지에 함께 이르자며 가르침을 전하였다. 쿠시나가라의 열반당, 사진 이상원.

하면서 그럭저럭 부처에 대한 그리움을 달랠 수 있었다. 하지만 재가신도들의 경우는 그렇지 않았다. 그들은 부처를 만나고 싶어하였다. 부처의 몸을 보고 부처의 음성을 듣고 싶어하였다. 사리는 그 역할을 대신하여 사람들의 간절한 그리움을 달래 주었다.

부처를 그리워한 이들은 인간들만이 아니었다. 불교에서는 자신이 지은 선악업의 과보에 따라 여섯 종류의 세계로 윤회한다고 보는데 이것이 바로 육도윤회설(六道輪廻說)이다. 즉 가장 착한 일을 많이 한 중생은 천상(天上)의 세계로 나아가고, 그보다 조금 못한 자들은 인간(人間) 세계, 그 다음이 수라(修羅), 축생(畜生), 아귀(餓鬼), 지옥(地獄)의 순서이다. 이 가운데 축생, 곧 동물의 세상에 태어났으면서도 끊임없이 부처님을 숭배하고 부처의 법을 듣기를 원하여 다음 세상에 천상세계에서 태어나기를 갈망하는 중생으로 용(龍)이 있다. 부처님의 사리를 얻고자 하는 마음은 용에게 있어서도 예외는 아니었다.

여러 용들이 부처님께 말씀드렸다.
"지금 세존께서 염부제로 돌아가시면 이 바다의 모든 용들은 귀의할 곳이 없습니다. 저희들에게 큰 슬픔을 더할 뿐입니다. 부처님께서 멸도하실 때 이 바다에 진신사리를 두셨기 때문에 모든 중생들은 함께 공양할 수 있었습니다. 그리고 그 덕분에 우리는 공덕을 더욱 쌓아서 한시라도 빨리 용의 몸을 벗어 버리고 위없는 정진도(正眞道)를 빨리 얻었습니다. 부처님은 은혜를 베푸시어 나아가 더욱 위덕(威德)을 주신다면 저희들은 소원을 이루게 될 것입니다."
그러자 부처님은 허락하셨다.
"좋다. 네 말대로 들어 주리라."
그러자 수보리(須菩提, Subhūti)가 용들에게 말하였다.
"부처님의 사리는 모든 사람과 하늘이 두루 구제를 받는 것이다. 그런데 그대들은 부처님 사리를 독점하여 모시려 하는구나. 그렇다면 일체 중생들은 무슨 인연으로 구제를 받겠는가?"

용들이 대답하였다.

"수보리님, 그런 말씀 하지 마십시오. 자신의 한정된 지혜로 부처님의 끝없는 슬기를 한정하지 마십시오. 여래님의 성스러운 덕은 변현(變現)하지 않는 것이 없어 삼천세계에 각각으로 화현(化現)하십니다. 부처님의 사리는 불어나거나 줄어드는 일이 없어 일체에 두루 나타나는 것입니다. 마치 해그림자가 물속에 나타나는 것처럼 부처님도 역시 그러하여서 나시지도 않고 멸도하시지도 않습니다. 그런데 어찌 여래의 지혜를 한정하려 하십니까?"

수보리는 이 말을 듣고 잠자코 말이 없었다. 부처님은 그런 용들을 찬탄하셨다. [58]

『보살처태경(菩薩處胎經)』에서는 용들이 부처의 사리를 나누는 곳에 나타나서 자신들의 몫을 요구하기도 하였다. 그리하여 부처의 사리는 제일 먼저 삼등분이 되어 하늘의 몫, 용의 몫, 인간의 몫으로 나누어졌다고 한다. [59] 한편, 여덟 국가의 여덟 개 탑 속에 봉안된 사리는 이후 출현한 아소카왕에 의해 일곱 곳의 탑이 다시 개봉되었다. 아소카왕은 그 사리를 나누어 8만 4천 기의 탑을 세웠으며 그 탑은 오늘날 인도 전역에서 발굴되고 있다. 이리하여 부처의 사리는 인도라는 제한된 국토를 넘어서 전 세계로 퍼져 나가게 되었다.

사리의 전파

아소카왕에 의해 이루어진 사리탑(불탑) 건립은 많은 의미를 지니고

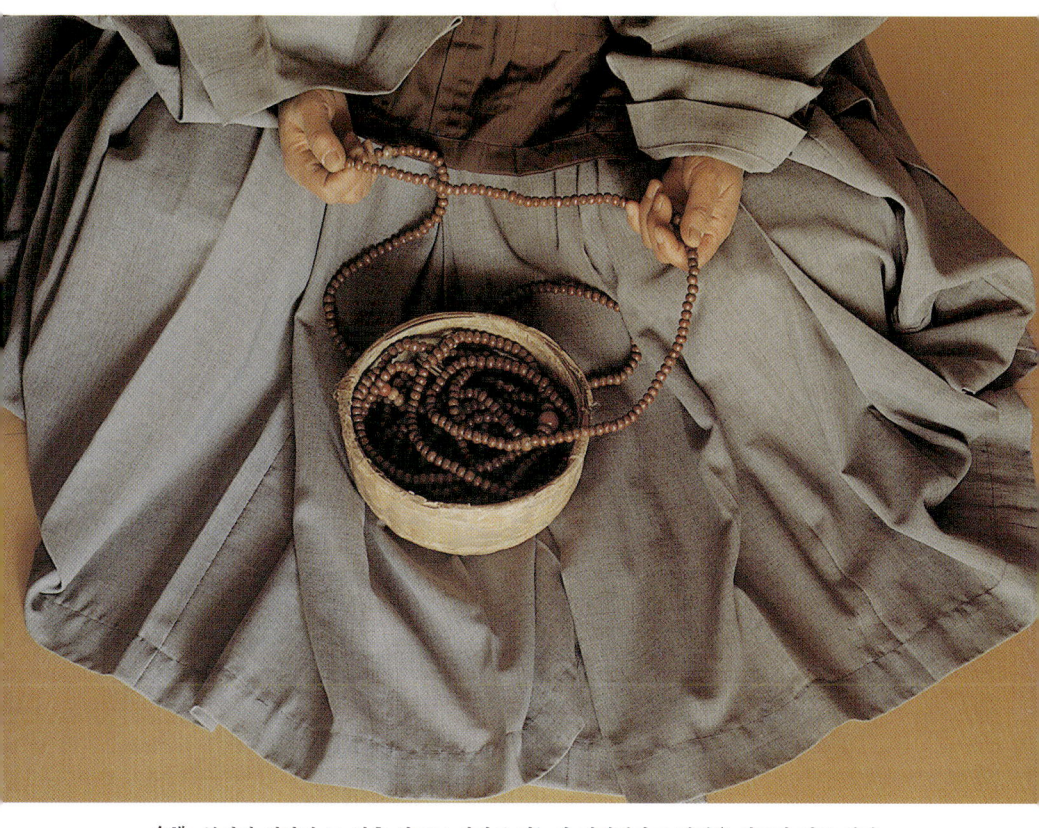

수행 부처가 열반에 든 직후 서로들 사리를 나누어 가지겠다고 전쟁을 선포할 만큼 사리는 수행의 결정체로서 신앙의 핵을 이루어 왔다. 오늘날 부처의 사리는 인도라는 제한된 국토를 넘어 전 세계로 퍼져 있다.

있다. 그것은 무엇보다도 일곱 곳에 나누어져 있던 한정된 숫자의 사리
가 8만 4천(무수하게 많은 것을 상징하는 숫자) 기의 탑에 나뉘어 안치
될 만큼 사리가 나뉘고 쪼개어졌다는 사실이다. 이렇게 해서 무수하게
불어난 불사리는 부처의 말씀을 상징하는 보물이 되어 사방으로 흘러
들어 갔다.

티베트를 통하여 중국과 우리나라, 일본으로 전파된 불교를 북전(北
傳)불교라고 하고 동남아시아로 퍼져 나간 불교를 남전(南傳)불교라고
한다. 이 두 경로에 위치한 불교 국가는 한결같이 사리를 숭배하고 있
다.

부처가 직접 태어나서 교화한 땅이 아닌 국가에서는 불교 전파와 불
교 문물 수입의 정당한 이유가 있어야 했다. 다시 말하면, 이 나라가
그 어떤 나라보다 부처와 가장 밀접한 국가이며, 부처가 구현하려고 했
던 불국정토가 바로 이 나라이고, 부처의 본래 고향이 바로 이 나라라
는 증거를 제시해야만 하였다. 사리는 그런 증거를 보여 줄 수 있는 가
장 확실한 부처의 분신이었다.

부처의 열반 직후 사리를 나누어 가진 사람들은 각 나라의 왕들이었
다. 따라서 사리는 개인들이 가슴속에 품는 소박한 신앙의 대상이 된
것이 아니라 국가적인 숭배와 공양의 대상이 되었다. 인도에서 불교를
받아들인 서역의 각 지방에서는 부처의 사리가 불교 신앙의 큰 핵으로
자리잡고 있다. 불교를 신앙하는 사람은 여건이 허락되면 탑을 세웠는
데 그 탑의 중심은 어디까지나 사리였다.

7세기에 실크로드를 통해서 인도로 간 현장 스님은 자신의 여행기인
『대당서역기』에서 사리 신앙에 대한 정황을 자세하게 소개하였다.

가피시국(迦畢試國, Kāpiśi) 큰 성의 동남쪽으로 30여 리를 가면 갈
라호라 승가람에 도착한다. 승가람 옆에 100여 척 높이의 스투파(탑)가

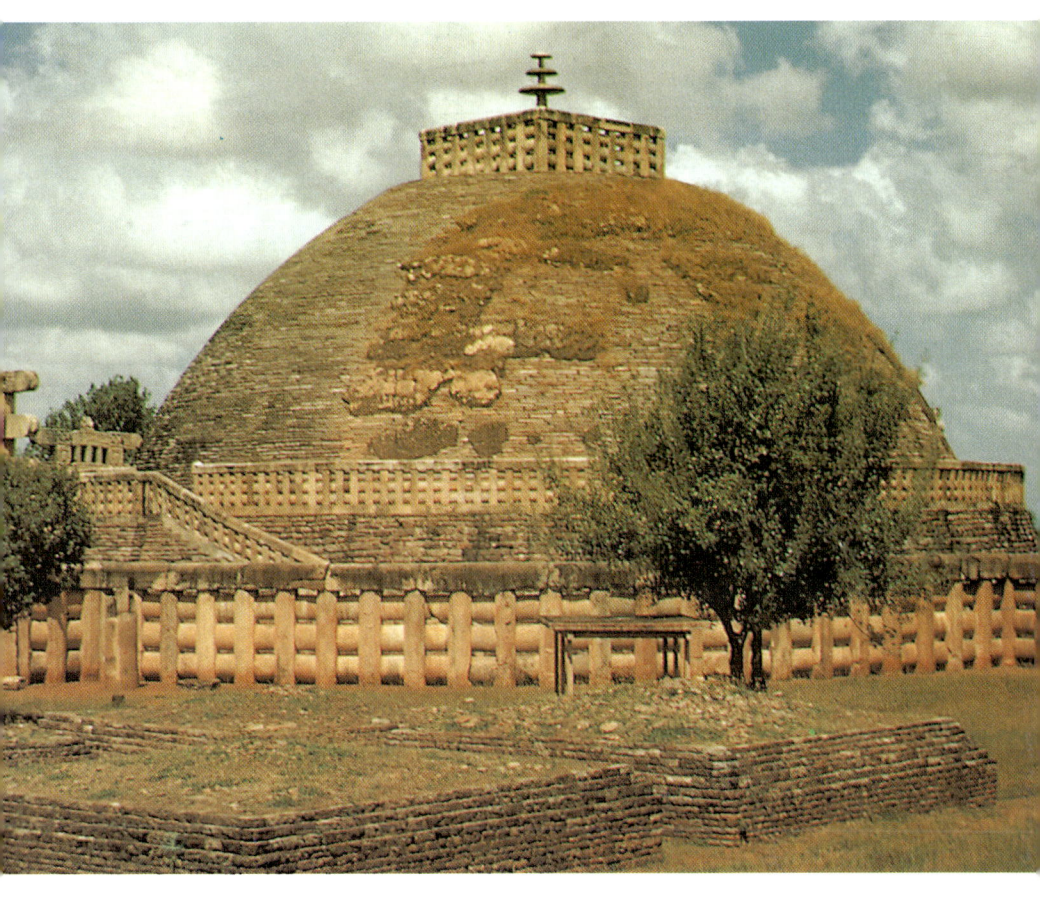

인도 산치 대탑 부처 열반 직후 부처의 사리를 나누어 가진 사람들은 각 나라의 왕들이
었다. 따라서 사리는 개인들이 가슴속에 품는 소박한 신앙의 대상이 아니라 국가적인 숭
배와 공양의 대상이 되었다. 사진 대원사.

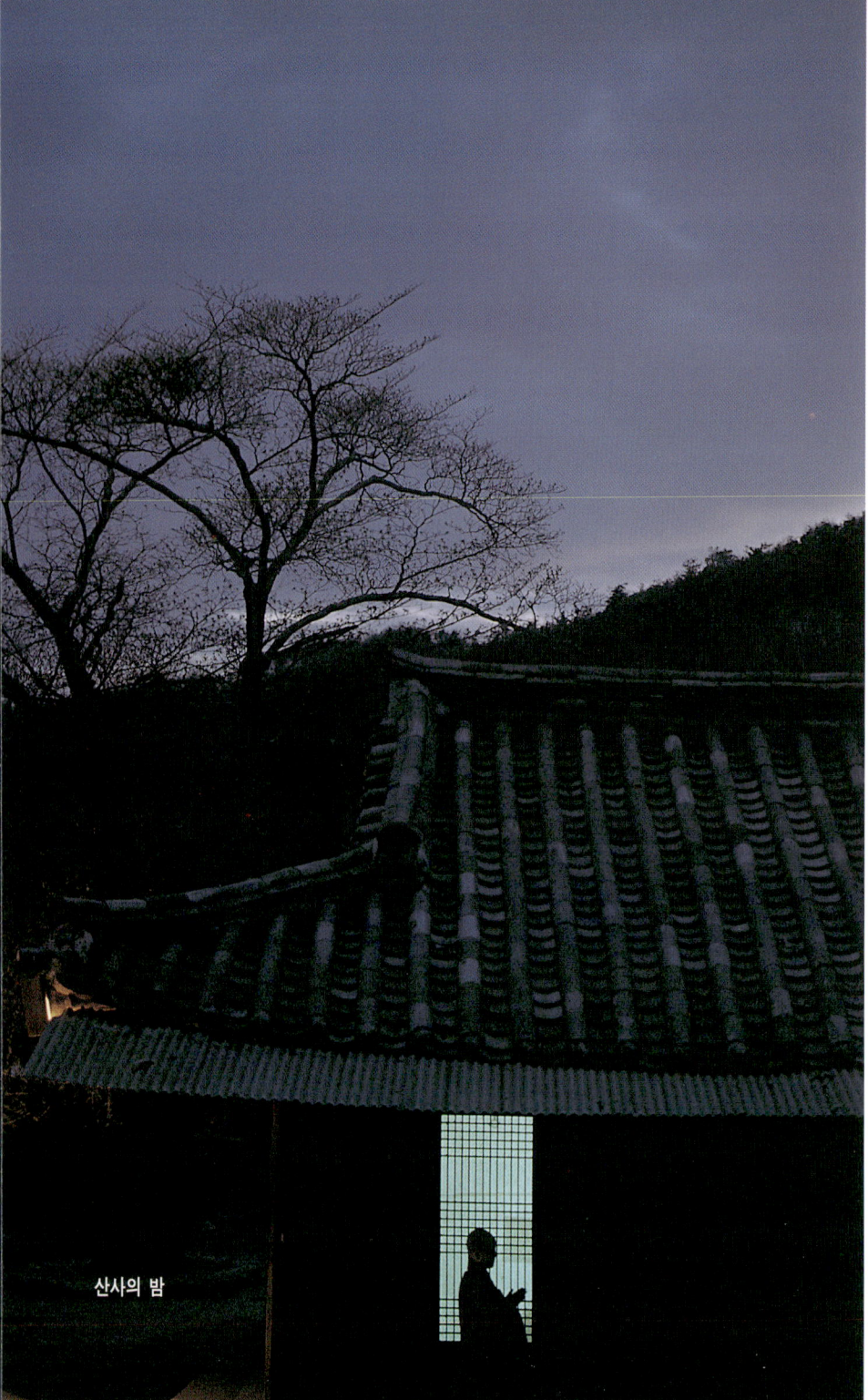

산사의 밤

있다. 그 복발(覆鉢, 발우를 엎어 놓은 듯한 반구형의 탑신) 모양의 탑은, 재일(齋日)이 되면 때때로 광명을 비추고, 탑 위의 돌 틈에서는 검은 향유(香油)가 흘러 나오기도 했으며, 조용한 밤에는 이따금 음악 소리를 들을 수가 있다. 이런 내용에 관해서 선배들의 이야기를 들어 보면 다음과 같다.

옛날 이 스투파는 이 나라 대신인 갈라호가 세운 것이라고 한다. 그가 스투파를 이미 다 지었는데 어느 날 밤 꿈에 어떤 이가 나타나서 이렇게 말하였다.

"그대가 세운 스투파는 아직 사리를 갖추고 있지 않다. 다음날 아침 왕에게 사리를 바치는 자가 있을 터이니 왕에게 그것을 달라고 부탁해 보도록 하라."

과연 다음날 어떤 사람이 왕에게 사리를 바치려고 왕궁으로 들어오는 것을 보게 되었다. 대신은 진작 왕에게 허락을 받았으므로 그가 왕에게 가기 전에 미리 사리를 받아서 자신의 스투파로 가져갔다. 그런데 대신은 왕이 사리를 귀하게 여겨서 앞서 자신에게 주기로 한 약속을 없던 것으로 할까 겁이 났다. 그래서 황급히 스투파로 올라가니 대신의 진실한 마음에 감응이라도 있었던 것인지 돌로 만든 복발이 저절로 열렸다. 사리를 안치하고서 급히 손을 빼내었는데 그만 소맷자락이 끼고 말았다.

한편 왕의 사자가 대신을 뒤쫓아 갔지만 돌은 이미 닫혀 버렸다. 그런데 그 소맷자락이 끼였던 틈에서는 검은 향유가 흘러나오고 있었다.[60]

『대당서역기』 가피시국 조에는 부처님의 골육사리(骨肉舍利)를 안치한 탑을 소개하고 있는데 이 역시 불가사의한 기적을 자주 이루어내고 있다고 전한다. 이 밖에도 곳곳에 부처님의 사리를 안치한 스투파가 세워져 있으며 현장은 그곳에서 일어나는 갖가지 신이한 현상들을 마치 자신이 직접 목격한 것처럼 자세하게 그려내고 있다.

중국이 불교를 받아들인 것은 기원전후라고 알려져 있다.[61] 부처가 열반에 든 뒤로 400년이나 더 지난 때이다. 스님들은 단순히 부처의 말씀이 담긴 경을 중국에 전하기보다 탑을 비롯하여 불교와 관계된 물건들을 함께 가져갔다.

중국에서는 국가적으로 사리를 숭배하였다. 중국에서 불교를 수입한 것은 개개인의 소박한 신앙의 차원이기보다는 국가 차원에서 외국 문물을 개방한 커다란 사건이라고 볼 수 있다.

서역을 개척한 중국인은 도처에서 불교를 숭상하는 국가들을 만나게 되었다. 중국의 세력에 들어간 국가들은 한결같이 불경과 불상과 사리를 중국에 바쳤다. 서역과 천축(天竺, 인도)의 승려를 받아들이고 그에 따른 문물을 수입하는 과정에서 사리는 중국이 부처의 가르침이 펼쳐질 수밖에 없는 불연국토(佛緣國土)임을 확증해 주었다.

도인(道人)인 불도징(佛圖澄)은 석륵(石勒), 석호(石虎) 시대에 어진 성인으로 받들어졌다. 그는 석호를 향해 "임치성(臨淄城, 산동성에 있는 현, 제나라의 도읍)에는 옛 아육왕사의 유적이 있다. 그곳에는 지금도 여전히 부처의 형상이나 승노반(承露盤, 한무제가 감로를 받기 위해 만든 쟁반)이 있는데 그것은 깊은 숲속 큰 나무 아래, 땅속 20길 되는 곳에 있다"고 말했다. 석호가 사자를 보내어 지도에 의거하여 찾아내게 하였더니 모두 구할 수 있었다.

가까이는 요흥(姚興)의 숙부가 진왕(晉王)이 되었던 때에 하동(河東, 황하의 동쪽 땅) 포판(蒲坂)의 늙은 노인이 말한 아육왕사의 유적에서 밝은 빛이 나오는 것을 보고 파내어 보았더니 부처의 유골이 석함 속 은상자 안에 있는 것을 발견하였다. 그런데 그 광채는 눈부시게 빛나 이루 말로 표현할 수 없을 정도였다. 요흥의 숙부는 패수(霸水) 근처로 마중

나갔다. 지금은 비구가 부처의 유골을 모신 새 절에 거주하고 있다.[62]

8만 4천 기의 탑을 세운 아육왕(阿育王), 곧 아소카왕의 이름을 달고 있는 사찰이 중국 땅에 있으며 더구나 그 속에 부처의 사리가 찬란한 빛을 내며 안치되어 있다는 이 이야기는 사리에 대한 중국인의 마음가짐을 한눈에 엿보게 한다. 즉 이 이야기는 부처의 사리탑이 있는 곳이 바로 부처의 국토임을 보여 주며, 불교는 당연히 왔어야만 하는 국토에 전래되어 왔음을 상징한다.

중국 강남(江南) 지방에 불교가 전파된 것도 사리의 도움이 컸다. 강거(康居) 출신의 승려인 강승회(康僧會)는 강남 지방에 불법을 전하려는 뜻을 품고 적오(赤烏) 10년(247)에 건업(建業)으로 와서 모옥(茅屋)을 짓고 불상을 안치하였다.

오나라 사람들은 이런 강승회를 요괴라고 생각하고 임금에게 알렸다. 손권은 강승회를 불러들여 물었다.

"부처는 무슨 영험이 있는가?"

그러자 사문(沙門)은 답하였다.

"부처님은 신령스러운 자취를 감추셨지만 그 유골인 사리는 사람들에 감응하여 기적을 나타내니 이 일은 견줄 곳이 없습니다."

그러자 손권이 물었다.

"사리는 어디에 있는가?"

"신령스러운 자취의 감응은 기도하면 얻을 수 있습니다."

"만일 사리를 얻을 수만 있다면 사리를 위하여 탑을 세우겠다."

이리하여 사문은 삼칠일 동안 지성으로 기도하여 드디어 사리병을 얻었다. 그는 이 병을 손권에게 바치니 그 광명은 온 궁전을 비추었다. 손권이 스스로 병을 손에 들고서 금쟁반에 사리를 옮겨 담았다. 그러자 사리가 떨어지면서 금쟁반을 때리니 쟁반은 이내 반으로 갈라졌다. 손권은 이 보기 드문 신령한 상서(祥瑞)에 감복하여 숙연해졌다. 이때 강승회가 말하였다.

"부처님의 영골(靈骨)은 금강처럼 썩지 않고 겁화(劫火, 큰불)에도 타지 않으며 다듬이 방망이로 쳐도 부서지지 않습니다."

손권은 이 말을 듣고 힘이 센 장사에게 사리를 내리치게 하였다. 하지만 방망이만 깨어지고 사리는 상하지 않은 채 광명이 사방으로 비쳐서 사람의 눈을 부시게 했다. 또 불에 태워 보았지만 그 빛이 날아 올라 큰 연꽃이 되었다. 손권은 크게 신심을 내어 곧 절을 세우고 이름을 건초(建初)라고 하였으며, 이 절이 위치한 장소를 '불타리(佛陀里)'라고 이름했다. [63]

중국에서는 이 밖에도 사리에 관한 수많은 영험담이 전해지고 있다. 『대당서역기』에서는 현장 법사가 서역에서 돌아오는 길에 여래의 육사리 150과를 가지고 왔다고 하며, 의정도 사리 300과를 가져왔다고 전하고 있다. [64] 이렇게 서역을 통하여 들어온 사리에 의해 불교는 중국 곳곳에 뿌리내리게 되었다.

한국의 사리 신앙

우리나라에 사리가 전해졌음을 알 수 있는 최초의 기록은 진흥왕 10년(549) 양나라에서 사신을 통하여 불사리를 보내 오자 왕이 백관과 함께 흥륜사에서 맞이하였다는 기사이다.

그뒤 636년(선덕 5)에 당에서 유학하였던 자장(慈藏) 스님이 중국 오대산 태화지(太和池) 가에서 문수보살로부터 불정골(佛頂骨)과 치아사리(齒牙舍利) 등을 받고 645년에 귀국하였다. 자장은 왕에게 건의하여 황룡사에 9층탑을 세우고 사리를 봉안하였으며 오대산 중대에 적멸궁을 건립하고 그 지하에 정골을 봉안하였다.

또한 자장은 오대산 월정사, 태백산 정암사, 양산 통도사, 설악산 백담사의 봉정암, 지리산 화엄사, 영월 사자사에 사리탑을 건립하였으며 이 다섯 곳의 사찰은 오늘날에도 유명한 5대 보궁으로 이름지어져 수많은 불자들의 순례의 발길이 끊이지 않고 있다. 특히 이 가운데 양산의 통도사는 우리나라의 대표적인 불보(佛寶) 사찰로서 대웅전에 불상을 모시지 않고 대웅전 뒤편에 금강계단을 설치하여 부처의 진신사리를 모셔 두고 있다. 율사(律師)의 상징인 자장이 부처의 진신사리를 탑속에 안치하지 않고 계단이라 이름 붙인 부도와도 같은 장소에 모신 점은 시사하는 바가 크다.

조선 초기에도 사리 신앙은 왕실을 중심으로 매우 성행하였다. 태조는 1393년 4월에 정릉의 흥천사(興天寺)에 사리각(舍利閣)을 건립하고 7일 기도를 올렸는데 이때 사리 4과가 분신(分身, 몸을 나누어서 화현하는 것)하여, 불당을 유동(楡洞)에 건립하고 사리를 봉안하였다는 기록이 보인다. 중국에서는 우리나라에 사자를 보내어 사리를 구해 오게한 일도 있다. 1398년에 명나라 태조가 사리를 구하기 위해 황엄(黃儼)을 사신으로 보내자 왕은 각 도감사에게 명하여 사리를 구해 들이게 하였다. 그러자 충청도에서 45과, 경상도에서 164과, 전라도에서 155과, 강원도에서 90과를 모았으며 또 태조가 가지고 있던 사리 303과를 함께 주자 황엄이 머리를 조아리며 고마움을 표하였다는 기록도 있다. 이때 각 사찰에서 구한 사리와 함께 모두 800과를 도금한 금은합 속에 넣어 보냈다고 한다.

1415년(태종 15) 6월에는 왕이 불사리의 진위(眞僞)를 실험하기 위

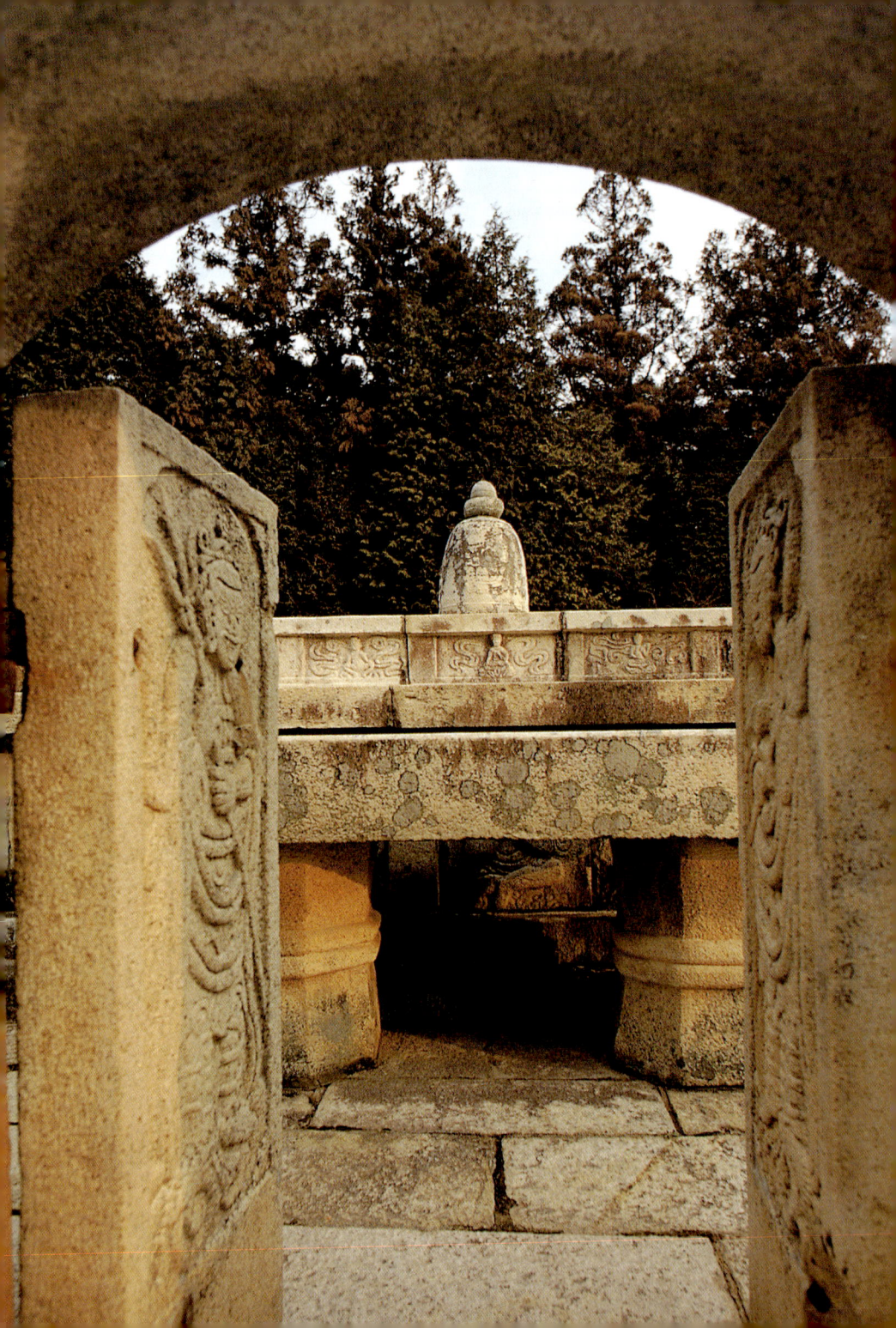

"그대는 탑을 열고 그 안의 사리를 대중들에게 보여 주도록 하라. 이 사리는 헤아릴 수 없는 육바라밀의 공덕을 닦아 익혀서 생긴 것이니라."

이때 아난존자는 부처님의 말씀을 듣고 곧 탑이 있는 곳으로 가서 예배 공양 드린 뒤, 탑문을 열어 보니 그 탑 안에는 칠보로 된 함이 있었다. 손으로 그 함을 여니 그 안에는 빛깔이 붉고 흰 사리가 보였다. 이에 부처님께 아뢰었다.

"세존이시여! 이 안의 사리는 빛깔이 붉고 흰 빛입니다."

그러자 부처님께서 아난존자에게 말씀하셨다.

"그대는 그것을 갖고 와라. 이는 보살의 진신사리이니라."

이때 아난존자는 곧 그 보배함을 들고 부처님 계신 곳으로 와 그 사리를 부처님께 바쳤다.

이때 부처님께서는 모든 대중들에게 말씀하셨다.

"그대들은 지금 이 사리에 절하여야 한다. 이 사리는 계(戒), 정(定), 혜(慧)가 훈수(熏修)된 것으로 몹시 얻기 어려운 최상의 복전(福田)이니라."

이때 대중들은 이 말씀을 듣고 곧 자리에서 일어나 마음속에 환희하여 합장 공경하며 보살의 사리에 절하였다.

그러자 세존께서는 대중들을 위하여 그들의 의아한 마음을 끊어 주시고자 이 사리에 얽힌 지나간 옛날의 인연을 설하셨다.[66]

이렇게 국가를 다스리는 위정자의 마음가짐에 대해 조목조목 설명한 경 속에 나타난 사리에 대한 숭배는 그대로 현실의 위정자들에게 받아들여졌다. 세상의 위정자인 왕이라면 바른 법을 수호하고 지녀야 하며, 바른 법을 수행하고 계정혜(戒定慧, 계율·선정·지혜)를 닦아 익혔으며 육바라밀을 체득한 보살의 몸인 사리는 바로 이 세상에서 가장 훌륭한 복전이기 때문이었다.

일반 대중들에게는 부처님을 대하듯 사리에 공양하라는 경전이 수지 독송되었다. 불상을 조성하고 사리를 공양하면 훌륭한 공덕을 얻을 것이라고 하였다.

내가 열반에 든 뒤에
사리에 공양하거나
혹은 탑을 조성하고
또는 부처님의 모습을 조성하여
탑과 불상 앞에서
만다라로 바르고 깨끗이 하라.
가지가지 향과 꽃을 그 위에 뿌리고
맑고 묘한 물로
가장 맛있는 온갖 음식을
모두 다 가져와 공양 올려라.
부처님의 공덕은 이루 헤아릴 수 없고
생각으로 분별하기 어려운 줄 찬탄하면
방편의 지혜는 신통하여서
빠르게 지혜의 언덕에 이르게 하리니
금강 같은 몸매를 이루어서
서른 두 가지 상호를 갖추며
여든 가지 좋은 형상도 두루 갖추어져서
모든 중생을 제도하리라.

―『욕불공덕경(浴佛功德經)』

이처럼 위로는 왕과 귀족에서 아래로는 일반 서민에 이르기까지 탑을 세우고 그 속에 사리를 안치하는 것을 가장 큰 공덕으로 여겨 왔다.

부도 속에 담긴 승사리

우리나라에서는 불사리에 대한 신앙이 매우 깊었지만 그에 못지않게 고승들의 몸에서 나온 승사리도 불자들의 커다란 반향을 불러일으켰다.

사리는 그 사람이 얼마나 수행에 전념하였는가, 얼마나 자신에게 철저하였는가를 입증해 주는 근거가 되었다. 이런 근거는 나아가서 그 수행자가 세상을 떠난 뒤에 남아 있는 사람들의 신앙을 모으는 또 하나의 믿음의 상징이 되었다.

1993년 11월 성철(性徹) 스님이 입적하자 전국이 술렁거렸다. 그것은 무엇보다도 '사리가 과연 나올 것인가. 나온다면 얼마나 나올 것인가' 하는 궁금증 때문이었다.

스님이 입적한 날을 전후하여 각 일간지에서는 사리에 관한 기사가 쏟아졌고 다비가 모두 끝나고 습골하는 과정을 자세하게 담은 기사가 거리에 넘쳐 났다. 성철 스님의 유해에서는 1차로 머리 부분에서만 좁쌀에서 녹두알 크기의 갈색, 우윳빛, 푸른색, 검은색, 노란색, 흰색 등 오색영롱한 사리 38과가 나왔다. 스님의 사리는 그 이후 헤아릴 수 없을 정도로 쏟아져 나왔으며 200과를 훨씬 넘어서게 되자 아주 작은 것들은 그 수효를 헤아리기를 포기하겠다는 장례위원회의 발표까지 나올 정도였다.

세간에서는 깊이 만족하면서 성철 스님의 엄격했던 수행 생활에 다시 한 번 머리를 숙였다. 신자들은 비가 오는 가운데에서도 사리를 친견하기 위해 긴 줄을 서서 '석가모니불'을 정근(精勤)하며 자신의 차례가 돌아오기를 기다렸다.

그렇다면 부처의 사리가 아닌 스님 특히 선사의 사리를 공양하게 된 이유는 어디에 있을까.

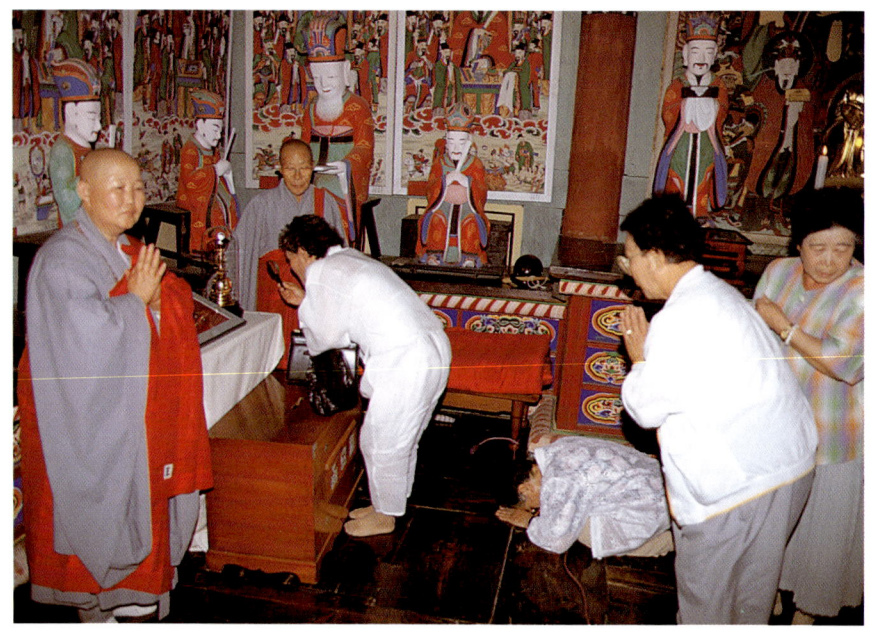

사리 친견 사람들은 사리가 수행의 결정체로서 괴롭고 무상한 이 사바세계를 떨쳐 버리고 해탈과 열반을 성취한 하나의 증거라 믿고자 한다.

다음의 자료에서 그 내용을 살펴보기로 하자.

달마대사가 가져온 선은 부처님이 처음 전수한 진실하고 바른 깨우침이라는 것이다. 이 선이 육조 혜능에 이르러 중국화된 선이 일어나게 된다. 그리하여 법은 선사들의 마음과 행위에 의하여 전달되게 된다. 이를 전수받을 만한 제자에게는 자신의 의발(衣鉢)을 건네 주게 된다.

이러한 선종이 8세기 이래 크게 성행하기 시작하면서 불교 미술에도 여러 가지 변화가 일어났다. 흔히 부처가 입으로 말한 것은 교(敎)요, 조사(祖師)가 마음에 전한 것이 선이라 하므로 조사의 언행과 존재가 매우 중요시된다. 그리하여 선사들의 초상 조각이나 초상화가 만들어지고 결국 조사들의 사리로 사리탑(부도)이 건립된다.… (중략) … 그러나 무엇보다도 큰 변화는 고승들의 부도의 출현이다. 우리나라에서는 8세기 이래 무수한 부도가 만들어져 수적으로 우리가 일반적으로 알고 있는 불사리탑의 일반형 석탑을 능가하기에 이르렀다.[67]

이렇게 하여 고려시대 후기부터 근래에 이르기까지 우리 역사에 큰 발자취를 남긴 선사들은 거의 대부분 사리를 남겼으며 모든 선사들의 유골은 부도 속에 안치되어 전국의 인연 있는 사찰에 모셔져 있다.

특히 조선시대 함허 스님의 경우 문도들은 시신을 5일 동안 그대로 모셔 두었는데 안색이 조금도 변함이 없었으며, 다비한 뒤 치골을 향수에 씻으니 뼈에 붙은 사리가 밝게 빛났다고 한다. 효령대군이 이 사실을 상달하니 왕이 명령하여 제자들이 현등사, 봉암사, 정수사, 연봉사의 네 곳에 부도를 세웠다는 사실이 전하고 있다.[68] 또한 서산 대사의 제자이며 평생 걸인들을 거두고 보살펴 왔던 편양(鞭羊) 선사의 경우에도 세수(世壽) 64세로 입적하였을 때 은색 사리 5과를 제자들이 수습하여 묘향산과 금강산에 부도와 비를 세웠다고 한다.[69]

최근에 들어서는 1966년 송광사에서 열반하신 초대 종정(宗正) 효봉(曉峰) 스님에게서 34과의 사리가 나왔고, 1983년에 입적한 송광사의 방장(方丈) 구산(九山) 스님에게서 53과의 사리가 나왔다. 또한 청담(靑潭) 스님에게서는 8과, 자운(慈雲) 스님에게서는 20과의 사리가 나왔고 앞서도 언급하였지만 성철 스님에게서는 200과를 훨씬 넘는 사리가 나왔다.

사리는 수행의 정도가 얼마나 깊었느냐, 얼마나 치열하였느냐를 가늠하는 잣대가 되고 있으며 사람들은 사리의 크기와 숫자에 비례해서 신앙을 키워 간다. 어느 절 어느 스님 또는 어느 보살의 다비에서 사리

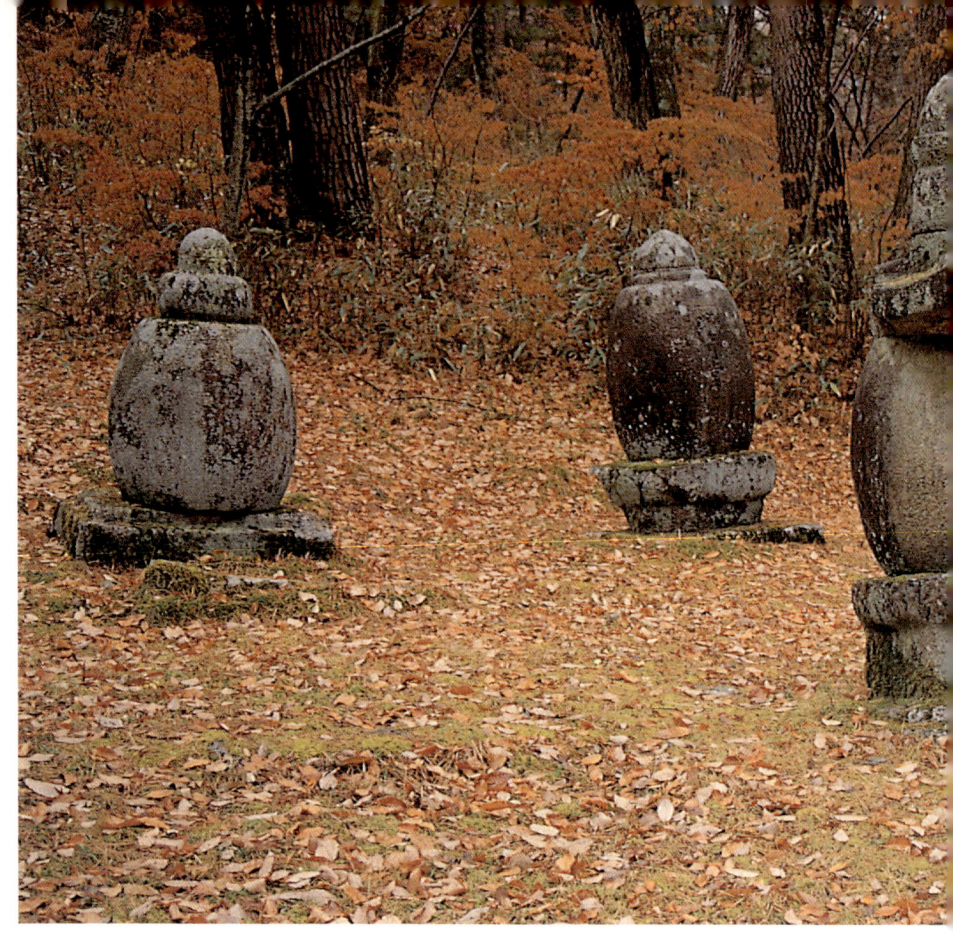

가 나왔다는 입소문이 퍼지면 많은 사람들은 만사를 제쳐 놓고 사리를
친견하러 나선다. 사람들은 사리가 수행의 결정체로서 괴롭고 무상한
이 사바세계를 떨쳐 버리고 해탈과 열반을 성취한 하나의 증거라 믿고
자 한다.

　하지만 오늘날에는 부처님의 가르침 그 자체에 대한 실천과 수행보
다도 사리에 대한 관심이 지나치게 높아지자 이를 경계하는 소리도 조
심스럽게 제기되고 있다. 최근에 입적하신 운허 스님은 "법력은 눈에
보이지 않는 데 있으며 사리에서 구현되는 것은 아니다"라고 하고 자신

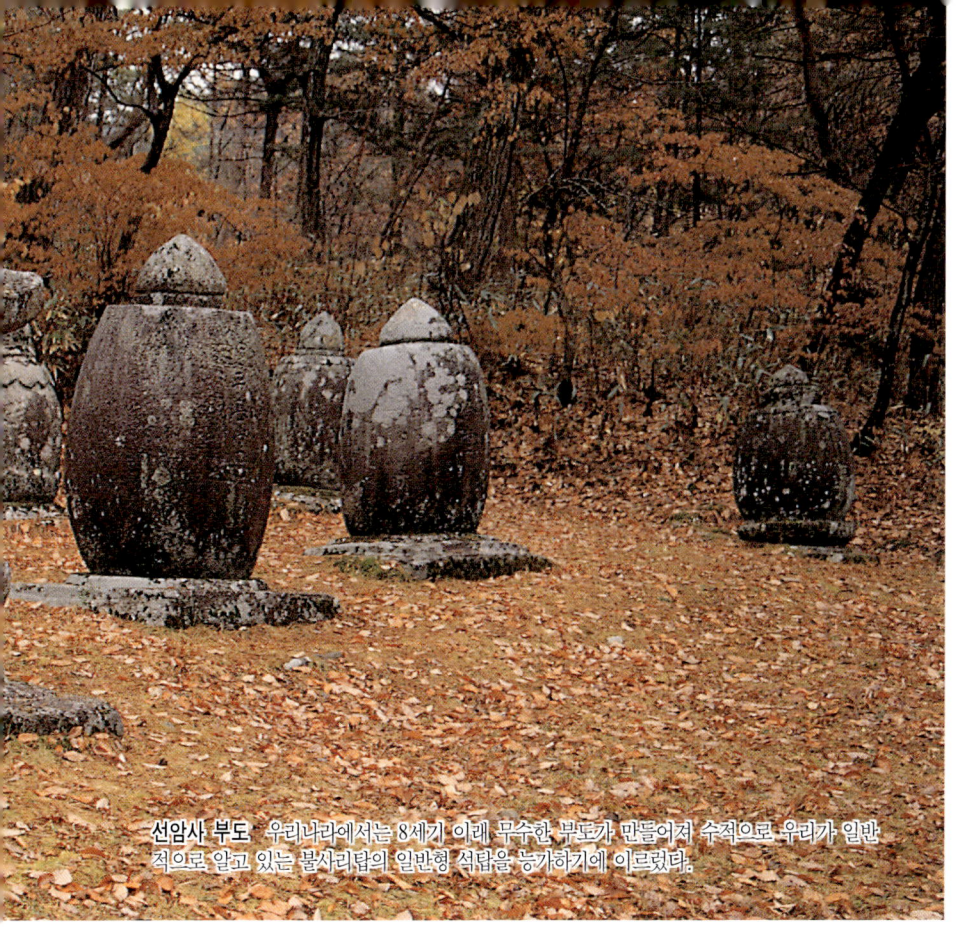

선암사 부도 우리나라에서는 8세기 이래 무수한 부도가 만들어져 수적으로 우리가 일반적으로 알고 있는 불사리탑의 일반형 석탑을 능가하기에 이르렀다.

의 다비 후에는 사리를 수습하지 말도록 제자들에게 유언을 남겼다.

또 하나의 사리, 법사리

사리는 곧 부처님이다.
부처님의 몸이 바로 사리이다.
사리는 정법을 수행한 자가 남기는 가장 성스러운 표징이다.

지금까지 헤아릴 수 없이 많은 불자들은 사바세계를 떠난 석가모니 부처를 그리워하는 마음으로 부처를 대하듯 사리를 모셔 왔다. 그들은 향과 꽃으로 사리를 안치한 탑에 공양을 올렸고 신성한 마음으로 탑을 돌면서 부처를 찬탄하였다.

사람들의 마음은 사리로 향하였다. 사람들은 사리를 잉태하기까지 수많은 세월 동안 쌓아온 보살행을 생각하기보다는 수행의 결과로서 남겨진 사리를 찬양하기 시작하였다.

내가 입멸한 뒤 너희들은 이렇게 생각할지도 모른다.
'이제 선사(先師)의 말씀만 남아 있지 우리들의 큰 스승은 이미 이 세상에 계시지 않는다.'
하지만 너희들은 이렇게 생각해서는 안 된다. 내가 입멸한 후에는 내가 지금까지 너희들에게 설해 왔던 법과 율, 이것이 너희들의 스승이 될 것이다.
이제 나는 너희들에게 알리겠노라. '만들어진 것은 모두 변한다. 게으름 피우지 말고 열심히 정진하여 너희들의 수행을 완성하여라.' [70]

정작 부처님은 우리가 지금부터 받들어야 할 스승이 바로 부처가 설해 온 법, 곧 진리와 율이라고 하였다.
불제자들은 그런 부처의 말씀을 가슴에 새겼다. 그들은 숭배할 대상, 경배할 대상을 찾아서 자신들의 나약함을 그저 하소연하고 의지하려고만 한 것은 아니다. 또 하나의 사리인 법사리를 구했던 것이다. 다시 말해 그들은 부처님께서 설해 오신 말씀이 고스란히 담긴 경전을 읽고 몸소 실천에 옮기려 한 것이다. 수많은 사람들이 자신에게도 부처와 똑같은 성품이 내재해 있으며 자신의 몸이 바로 부처의 몸이라는 가르침을 망각하지 않았다. 그들은 그저 어떤 성스러운 대상을 찬양하는 수동적인 예배자에 머무는 것을 경계한 부처의 말씀을 그대로 행동에 옮겼다. 이렇게 경전을 또 하나의 소중한 사리로 여겨서 탑에 안치한 예는 아래 표와 같다.

사리만큼이나 경을 소중하게 여기는 사상은 『반야경』 계통에서 가장 많이 나타나고 있다. 이를테면 『도행반야경(道行般若經)』에는 다음과 같은 내용이 실려 있다.

"석제환인이여, 만약 이 염부제에 가득 찰 정도로 많은 여래의 사리와 반야바라밀을 써서 그대에게 준다면 그대는 어느 것을 가지겠느냐?"

경 전	탑
금강반야바라밀경 (金剛般若波羅密經)	제석사 탑, 왕궁리 탑, 해인사 길상탑(吉祥塔)
무구정광대다라니경 (無垢淨光大陀羅尼經)	전(傳) 황복사 석탑, 불국사 석가탑(釋迦塔) 산청 석남사 불상대좌, 창림사 석탑, 해인사 길상탑 황룡사 구층탑, (동화사 비로암 석탑), (봉화 취서사 석탑), (동화사 금당 서탑), (봉화 서동리 동탑), 성주사 석탑, 공주 동원리 석탑
전신사리경(全身舍利經) 또는 보협인다라니경 (寶篋印陀羅尼經)	총지사, 월정사, 수덕사
연기법송(緣起法頌)	황룡사, 보원사(普願寺), 석장사
화엄경(華嚴經)	황룡사(?)
법화경(法華經)	개성 남계원(南溪院) 탑, 해인사 길상탑[71]

*괄호 안의 것은 소탑들을 봉안했으므로 다라니를 봉납했을 가능성이 큰 것들임

그러자 석제환인이 말했다.

"저는 기필코 반야바라밀을 가질 것입니다. 왜냐하면 부처님이시여! 저는 감히 사리를 공경하지 않을 것이니, 사리는 반야바라밀에 의해 생겨나기 때문입니다. 반야바라밀은 여래를 낳고 사리를 낳으며 모든 것을 꿰뚫는 지혜도 이로부터 나옵니다. 부처님이시여! 이런 까닭에 둘 중에 선택하라 하시면 저는 반야바라밀을 가질 것입니다. 이 염부제에 가득 찬 여래의 사리 이야기는 그만두고 설령 이 염부제와 하늘이 속한 작은 우주의 천 배의 천 배보다 천 배나 더 큰 세상에 가득 찬 여래의 사리와 반야바라밀 가운데에서도 저는 반야바라밀을 가질 것입니다. 왜냐하면 여래의 사리는 정작 반야바라밀에 의해 생겨나기 때문입니다."[72]

불교는 부처님께 귀의하기만 하면 그만인 단순한 믿음의 종교가 아니다. 불교는 궁극적으로 사람들 스스로가 부처가 되고자 하는 깨달음의 종교요 성불의 종교다. 여기에서 부처님의 가르침, 즉 경전은 매우 중요한 종교적 의미를 갖게 된다.

이러한 불교 사상의 특징을 배경으로 소박한 사리 신앙은 법사리의 사상으로까지 끌어올려진 것이다.

맺는 말

화장을 뜻하는 다비는 인도의 전통적인 장례법의 하나로서 부처님 당시부터 오늘에 이르기까지 불교의 장례법으로 확고한 자리를 지켜 오고 있다.

우리는 이러한 불교 다비 의식의 절차와 내용을 조선시대 의암 스님이 정리한 「다비작법문」을 중심으로 살펴보았다. 이에 의하면, 다비 의식은 몸을 청결하게 하는 삭발·세수·세족과 새 의복으로 갈아입는 착군·착의·착관, 영가를 맞이하는 정좌, 입관 의식인 입감, 발인 의식인 기감, 그리고 본격적인 화장 의식인 거화·하화와 유골을 처리하는 기골·습골·쇄골·산골 등의 마무리 과정으로 이루어지고 있다.

그러나 이러한 다비의 의식이나 절차는 시대와 상황에 따라 조금씩 첨삭되면서 변화를 거듭해 오고 있다. 하지만 거기에 담긴 불교적 의미와 생사일여(生死一如)의 사상은 고금(古今)에 차이가 없다. 불교의 다비 의식은 단순한 죽음의 형식적인 통과의례가 아니다. 그것은 차라리 떠나는 자와 남아 있는 자 모두에게 해탈과 열반의 삶을 깨우쳐 주는 하나의 장엄한 법회의 자리인 것이다.

여러 가지 이유로 불교의 장례법인 다비가 아직까지 우리나라에 일

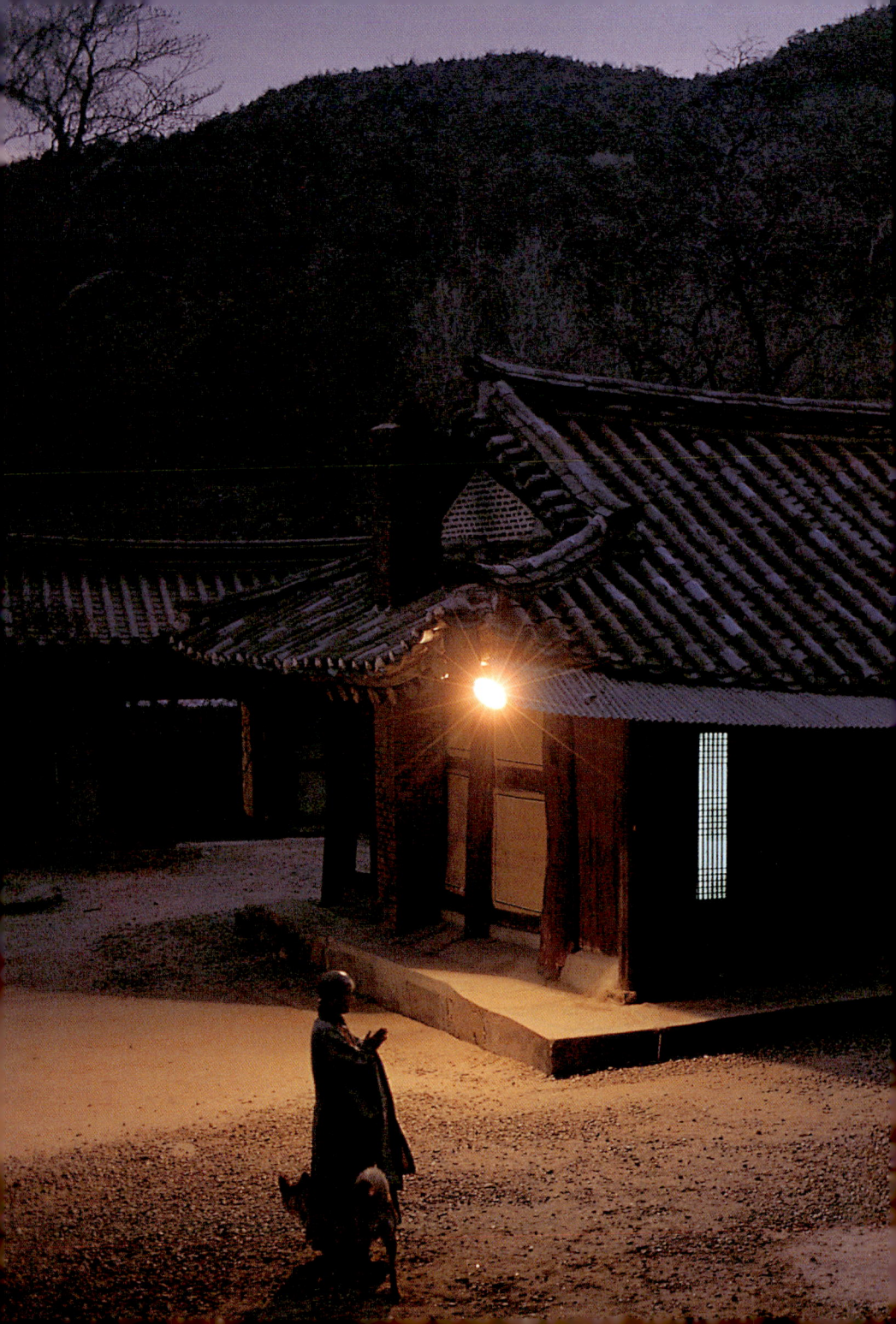

47) 『법원주림』 제40권, p.85.

48) 『望月佛敎大辭典』, p.2186.

49) 『불사리장엄(佛舍利莊嚴)』(국립중앙박물관 간행, 1991), p.132.

50) 같은 책

51) 같은 책

52) 같은 책

53) 杉本卓州, 『インド佛塔の硏究』(平樂寺書店, 1984), pp.299~300.

54) 『한국민족문화대백과사전』(한국정신문화연구원 간행, 1989), p.803.

55) 『불사리장엄』, p.134.

56) 사병(四兵) : 象兵, 馬兵, 車兵, 步兵

57) 『십송율』 제60권(동국역경원, 1995), p.322~326.

58) 『법원주림』 제40권, p.86.

59) 위의 책, p.87.

60) 현장(玄奘), 『대당서역기(大唐西域記)』 제1권, 水谷眞成 역, 『中國古典
    文學大系』 22(平凡社, 1998), pp.50~51.

61) 鎌田茂雄 저, 장휘옥 역, 『중국불교사』(장승, 1993), p.78.

62) 위의 책, p.105~106.

63) 『법원주림』 제40권, p.93.

64) 『望月佛敎大辭典』, p.2187.

65) 『한국민족문화대백과사전』 제10권, p.802.

66) 『금광명경』 제17 사신품(捨身品).

67) 『불사리장엄』, p.196.

68) 불교신문사 편, 『한국불교인물사상사』(민족사, 1995), p.276.

69) 위의 책, p.339.

70) 『대반열반경』, 위의 책, p.152.

71) 강우방, 『한국불교의 사리장엄』(열화당, 1993), p.62.

72) 『도행반야경(道行般若經)』 제2권(동국역경원, 1995), p.43.

구경각(究竟覺)　수행이 끝나서 얻은 구경(究竟)의 온전한 깨달음, 곧 부처되는 자리. 시각(始覺) 4위는 중생이 가지고 있는 최초의 불각(不覺)에서 시작하여 상사각(相似覺), 수분각(隨分覺)에 이어 마지막 단계가 구경각이다.

구족계(具足戒)　비구, 비구니 스님이 되기 위해서 받아 지켜야 되는 온전한 계법(戒法)으로 비구는 250, 비구니는 348계가 된다. 사미계를 받은 지 3년이 지나야 구족계를 받을 수 있다.

근진만법(根塵萬法)　육근(六根)과 육진(六塵)에 바탕을 둔 모든 현상과 존재.

대기대용(大機大用)　본래 주어진 기량[機]과 그 기량의 활용[用]을 완벽하게 운용함.

돈오돈수(頓悟頓修)　수행의 단계를 거치지 않고도 곧바로 심지(心地)를 깨닫고 동시에 곧바로 수행을 완성시킴.

만사(輓詞)　죽은 사람을 애도하는 글. 만장(輓章).

명정(名旌)　죽은 사람의 품계나 직위, 성명 등을 쓴 기(旗). 명기(名旗).

묘각(妙覺)　보살 수행 52위(位), 42지(地)의 단계 중 최후의 계위로 번뇌를 끊고 지혜가 원만하게 갖추어진 자리. 곧 부처님 깨달음의 경지.

묘보리좌(妙菩提坐)　미묘한 깨달음의 자리.

무봉탑(無縫塔)　한 덩어리의 돌로 깎아 이음새가 없는 계란형의 탑.

반야바라밀(般若波羅蜜)　최상의 지혜 또는 지혜의 완성. 보통 반야(般若)는 지혜라 번역하고 바라밀(波羅蜜)은 건넌다[度] 또는 도피안(到彼岸)이라 번역한다.

번(幡)　불·보살이나 고승대덕의 위덕을 표시하는 장엄 깃발.

보리(菩提)　깨달음.

보살계(菩薩戒)　대승 보살들이 받아 지니는 계율.

본각(本覺)　모든 존재에 자성의 본체로서 두루 갖추어져 있는 여래장 진여(如來藏眞如).

분소의(糞掃衣) 사람들이 입다 버린 헌 옷을 기워 만든 가사. 탐욕을 여의기 위해 검소함을 닦는 뜻으로 입는 법의(法衣).

사대(四大) 사람의 몸을 구성하는 네 요소, 즉 땅·물·불·바람. 고대 인도 인들은 세상의 모든 물질이 이 네 가지 요소로 구성되어 있다고 생각하였다.

사부대중(四部大衆) 불교 교단을 구성하는 네 부류. 즉 비구·비구니의 출가 대중과 우바새·우바이의 재가 대중.

사잣밥(使者-) 초상집에서 죽은 이의 넋을 부를 때에 염라부의 사자에게 대접하는 밥.

삼독(三毒) 탐욕과 성냄과 어리석음은 우리에게 큰 해독을 끼친다고 해서 삼독 또는 삼독심이라 함.

삼세제불(三世諸佛) 과거세, 현재세, 미래세의 모든 부처.

수능엄삼매(首楞嚴三昧) 보살이 닦는 정(定)의 하나. 이 정은 장군이 군대를 이끌며 적을 무찔러 항복받는 것처럼 번뇌의 마군을 파멸시킨다 함.

시각(始覺) 미계(迷界)에서 차츰 오계(悟界)로 깨달아 가는 것. 본각이 수행의 공덕에 의하여 성취하는 깨달음. 시각에는 4위(四位)가 있음.

십념(十念) 아미타불의 명호를 10회 염송함.

십류군생(十類群生) 지옥·아귀·축생·아수라·인간·천상(이상 六凡), 성문·연각·보살·불(이상 四聖) 등의 뭇 생명.

십지(十地) 보살이 수행하여 얻는 열 단계의 경지.

쌍림(雙林) 부처님이 열반하신 쿠시나가라의 사라나무 숲. 흔히 사라쌍수(沙羅雙樹)라고 하는데, 이것은 사라나무가 마주 서 있던 데서 연유함.

어산(魚山) 범패의 다른 이름. 중국 산동성에 있는 산 이름으로 조식(曹植)이 여기서 놀다 범천의 노랫소리를 듣고 음을 터득하여 범패를 만들었다고 함. 여기서는 범패를 외우는 사람 또는 그 소임을 가리킨다.

염부제(閻浮提) 수미산을 중심으로 인간세계를 동서남북 4주로 나누었을 때 남쪽에 있는 대륙. 흔히 남염부주라고 하며 인도를 가리키기도 함.

영자(影子) 고인의 사진.

오복도(五服圖) 참최(斬衰)·자최(齊衰)·대공(大功)·소공(小功)·시마(總麻) 등의 다섯 가지 상복(喪服)의 그림.

왕생게(往生偈) 극락왕생을 발원하는 게송.

원불배(願佛輩) 원불탱(願佛幀)을 잡는 사람. 원불탱은 원불을 그린 탱화를 말한다.

원불탱(願佛幀) 원불을 그린 탱화. 팔상(八相)으로 성도한 화신불은 인행(因行)시의 서원(誓願)을 성취한 부처님이므로 원불(願佛)이라 한다.

육근(六根) 눈·귀·코·혀·몸·뜻의 감각 및 의식 기관.

육범(六凡) 여섯 부류의 범부 중생, 즉 지옥, 아귀, 축생, 아수라, 인간, 천상을 말함.

육진(六塵) 육근의 대상이 되는 물질[色]·소리[聲]·냄새[香]·맛[味]·감촉[觸]·생각[法] 등이 사람 몸에 들어가 청정한 마음을 혼탁하게 하므로 티끌[塵]이라 함.

육진심식(六塵心識) 육진에 의거하는 인간의 심식.

인로왕번(引路王幡) 인로왕(引路王)의 기. 인로왕은 죽은 이의 영(靈)을 극락정토로 인도하는 보살. 여기서는 깃발을 든 사람을 칭한다.

전륜성왕(轉輪聖王) 광활한 국토를 법과 덕으로 통치하는 이상적인 제왕. 부처님과 같이 32상(相)을 갖추고 있다 함.

조사선(祖師禪) 보리달마 이래 정전(正傳)되어 온 선법으로, 특히 교외별전(敎外別傳) 불립문자(不立文字)를 주장하는 6조 혜능(慧能)의 남종선.

조서법(弔書法) 조문하는 뜻의 글을 쓰는 법.

진공묘유(眞空妙有) 사물은 본디 그 자성(自性)이 비어 있지만 현상으로는 미묘하게 존재함을 이르는 말.

착어(着語) 공안(公案)이 된 고인의 말에 자신의 해석이나 견해를 붙인 것.

찰(刹) 탑의 꼭대기 등에 세우는 장대.

출세간법(出世間法) 일체 생사의 법을 세간이라 하고 열반의 법을 출세간이라 한다. 번뇌와 미혹의 속계(俗界)인 세간을 벗어나는 행법(行法).

패엽경(貝葉經) 패다라잎에 새긴 경문. 종이가 없던 시대에는 경전을 다라나무의 잎사귀에 송곳으로 새기거나 붓으로 씀.

행원품(行願品) '대방광불화엄경입불사의해탈경계(大方廣佛華嚴經入不思議解脫境界) 보현행원품(普賢行願品)'의 약칭으로서 보현보살의 10대원을 설하고 있다. 보현보살은 문수보살과 함께 석가여래를 모시는 보살로 유명하며, 여래의 중생제도를 돕고 중생의 목숨을 길게 하는 덕을 가졌으므로 보현연명보살 또는 연명보살이라고 한다.

향정자(香亭子) 상례 의식시 향로를 담아 들고 다니도록 만든 정자 모양의 초롱.

활구선(活句禪) 사량(思量) 분별을 끊은 깨달음의 소식을 여실하게 파악한 구(句)에 의한 선(禪).

빛깔있는 책들 103-46

다비와 사리

글	―박경준
사진	―송봉화

회장	―차민도
발행인	―장세우
발행처	―주식회사 대원사

기획·편집	―김분하, 김옥자, 최명지
미술	―위명자
총무	―이훈, 강미영, 강승찬
영업	―이규헌, 강승일, 이광복, 한은영

첫판 1쇄 ―2001년 2월 17일 발행

주식회사 대원사
우편번호/140-190
서울 용산구 후암동 358-17
전화번호/(02) 757-6717~9
팩시밀리/(02) 775-8043
등록번호/제 3-191호
http://www.daewonsa.co.kr

(ψ) 값 13,000원

© Daewonsa Publishing Co., Ltd.
Printed in Korea(2001)

ISBN 89-369-0245-8 04220